시튼 동물기 1

시튼 동물기

1

어니스트 톰프슨 시튼 지음
햇살과나무꾼 옮김

논장

시튼 동물기 1

개정판 3쇄 2022년 3월 15일 | 개정판 1쇄 2019년 3월 15일 | 초판 1쇄 2000년 1월 20일
지은이 어니스트 톰프슨 시튼 | 옮긴이 햇살과나무꾼
펴낸이 박강희 | 펴낸곳 도서출판 논장 | 등록 제10-172호·1987년 12월 18일
주소 10881 경기도 파주시 회동길 329 | 전화 031-955-9164 | 팩스 031-955-9167
제조국명 대한민국 | 사용연령 8세 이상
주의사항 종이에 베이거나 긁히지 않도록 조심하세요.
ISBN 978-89-8414-342-5 74840
ISBN 978-89-8414-341-8 (전 5권)

ⓒ 논장 2019

- 잘못 만들어진 책은 구입하신 서점에서 바꾸어 드립니다.
- 책값은 뒤표지에 있습니다.

이 도서의 국립중앙도서관 출판예정도서목록(CIP)은 서지정보유통지원시스템 홈페이지(http://seoji.nl.go.kr)와 국가자료공동목록시스템(http://www.ni.go.kr/kolisnet)에서 이용하실 수 있습니다.(CIP제어번호:CIP2019003980)

"이 이야기들은 모두 사실이다.
비록 많은 대목에서 약간의 가공을 하긴 했지만
이 책에 나오는 주인공들은 모두 실제로 존재했던 동물이다.
그들은 내가 묘사한 대로 살았으며,
그들이 보여 준 영웅적인 행동과 개성을 다 표현하기에는
내 글재주가 턱없이 모자랐다."

일러두기

- 이 책은 원작 《Wild Animals I have Known》에서 〈LoBo: The King of Currumpaw〉, 〈Silverspot: The story of a Crow〉, 〈Bingo: The Story of My Dog〉를 《Animal Heroes》에서 〈Little Warhorse: The History of a Jack-rabbit〉을 우리말로 옮겼습니다.
- 동식물의 이름은 두산백과사전 두피디아와 브리태니커 백과사전 등을 바탕으로 하고 한국어명이 정확하지 않은 경우 학명과 해당 종의 특성을 참고해 실용적 표기를 따랐습니다.
- 외국 지명과 인명 등은 국립국어원 외래어표기법을 따르되 관용적인 표기와 동떨어진 경우 절충하여 관례를 따랐습니다.
- 국립국어원에서 정한, 저자 Ernest Evan Thompson Seton의 표기는 '어니스트 에번 톰프슨 시턴' 입니다. 이 책에서는 통상적으로 널리 쓰는 '시튼'으로 표기했습니다.

차례

커럼포의 늑대 왕 로보
9

산토끼의 영웅 리틀워호스
47

지혜로운 까마귀 실버스팟
103

야성의 개 빙고
133

옮긴이의 말
시튼의 삶과 문학 · 수록 작품 해설
168

시튼의 생애
180

LOBO
The King of Currumpaw
커럼포의 늑대 왕 로보

1

뉴멕시코주 북부에는 커럼포라는 드넓은 목장 지대가 있다. 목초가 풍부해서 새와 동물이 떼 지어 사는 이곳은 메사*들이 솟아 있고, 귀중한 물줄기들이 흐른다. 이 물줄기들은 커럼포강으로 모이는데, 커럼포라는 이름도 바로 이 강에서 따온 것이다. 그리고 이 커럼포 일대에서 위세를 떨치는 왕은 늙은 늑대였다.

멕시코인들이 '로보'라 부르는 이 왕은 덩치가 어마어마하게 큰 늑대로, 오랫동안 커럼포 골짜기의 가축들을 죽인 특출한 늑대 무리의 지도자였다. 커럼포에서 로보를 모르는 양치기나 목장 주인은 없었다. 로보가 듬직한 부하들을 이끌고 나타날 때마다 가축들은 공포에 떨었고, 가축 주인

---

* 비탈이 가파르고 꼭대기는 평탄한 지형.

들은 분노와 절망에 휩싸였다.

　로보는 늑대치고는 몸집이 굉장히 컸고, 큰 몸집 못지않게 영리하고 힘이 셌다. 밤중에 울려 퍼지는 로보의 울음소리는 워낙 유명해서 다른 늑대들과 쉽게 구별되었다. 목장 일꾼들은 야영할 때 근처에서 늑대 울음소리가 몇 시간씩 들려와도 귓등으로 흘려듣는다. 하지만 늙은 왕의 낮고 힘찬 으르렁거림이 골짜기를 타고 내려오면 마음의 준비를 단단히 한다. 이튿날 아침이면 무참히 습격당한 가축들을 발견하게 될 것이므로.

　로보는 부하를 많이 거느리지 않았다. 나는 이 점을 도무지 이해할 수 없었다. 로보만 한 힘과 권위를 가진 늑대에게는 자연히 큰 무리가 따라붙기 때문이다. 로보가 그 정도면 충분하다고 여겼을 수도 있고, 녀석의 사나운 성질 탓에 무리가 늘지 않았을 수도 있다. 어쨌든 분명한 것은 로보가 말년에는 부하를 다섯만 거느렸다는 점이다.

　하지만 로보 무리의 늑대들은 저마다 악명이 높았고, 대부분 보통 늑대보다 몸집도 컸다. 특히 부두목 늑대는 물론 로보에 비하면 힘도 덩치도 한참 뒤지지만, 역시 몸집이 매우 큰 편이었다. 두 우두머리 외에 나머지도 이름난 늑대들이었다. 그 가운데 멕시코인들이 '블랑카'라고 부르는 아름다운 흰 늑대는 암컷인 듯했는데, 아마 로보의 짝이었던 것 같다. 또 번개처럼 재빠른 누런 늑대는 소문에 따르면 영양을 잡은 적도 서너 번 있었다고 한다.

그러니 이 늑대 무리가 목장 일꾼과 양치기 사이에서 얼마나 유명했는지 짐작이 갈 것이다. 늑대들은 사람들 앞에 자주 모습을 드러내고 그보다 더 자주 울음소리를 들려주면서, 자기네를 원수로 알고 죽이려 드는 목장 사람들과 떼려야 뗄 수 없는 관계를 맺고 살아갔다. 커럼포의 목축업자들은 로보 일당의 머리 가죽을 가져오는 사람에게 수송아지를 잔뜩 살 수 있는 돈도 기꺼이 내놓을 수 있었다. 하지만 늑대들은 마치 불사신처럼 자기들을 죽이려는 온갖 계략을 물리쳤다. 놈들은 사냥꾼을 우습게 보고 독약을 비웃으며 적어도 5년 내리 커럼포의 목장에서 공물을 거두어 갔다. 하루에 암소 한 마리꼴로 잡아갔다니까, 로보 무리가 죽인 값비싼 가축만 2천 마리가 넘는 셈이다. 게다가 로보는 언제나 가장 좋은 가축만 골라내기로 유명했다.

옛말에 늑대는 늘 굶주려 있기 때문에 뭐든 닥치는 대로 먹어 치운다고 했지만, 로보 무리는 전혀 그렇지 않았다. 이 약탈자들은 항상 윤기가 반지르르 돌고 건강했으며 입맛도 몹시 까다로웠다. 늙어 죽었거나 시름시름 앓거나 병균에 감염된 가축에는 입도 대지 않았고, 사람이 죽인 가축도 거들떠보지 않았다.

로보 무리가 가장 즐겨 먹는 것은 갓 잡은 한 살배기 암소의 연한 살코기였다. 놈들은 늙은 소는 아예 쳐다보지도 않았고, 때때로 송아지나 수망아지를 죽였지만 그다지 좋아하는 먹이가 아닌 것은 분명했다. 양고기를 좋아하지 않는다는 사실은 잘 알려져 있었지만, 종종 양을 죽이며 놀기도 했다. 1893년 11월 어느 날 밤 블랑카와 누런 늑대가 양 250마리를 죽였는데, 고기는 한 점도 입에 대지 않았다. 그저 재미 삼아 양을 죽인 것이다.

앞으로도 자주 듣게 되겠지만 이 파괴자들의 잔인함을 보여 주는 이와 비슷한 이야기는 헤아릴 수 없이 많다. 해마다 적들은 로보 무리를 몰살시키려고 온갖 새로운 방법을 짜냈지만, 아무리 애를 써도 놈들은 여전히 잘 먹고 잘 살았다.

사람들은 스무 가지나 되는 독을 교묘히 숨겨 놓고 로보 머리에 걸린 엄청난 상금을 노렸지만, 로보는 귀신같이 알아내 모조리 피해 갔다. 그 로보가 딱 하나 두려워하는 것은 총이었다. 로보는 이 지역 사람 누구나가 총을 가지고 다닌다는 사실을 잘 알고 있었기 때문에, 사람 앞에 나타난다거나 사람을 공격한 적은 한 번도 없었다.

로보 일당은 훤한 대낮에는 멀리서든 가까이서든 사람을 보면 어김없이 도망쳤다. 또 로보가 직접 죽이지 않은 것은

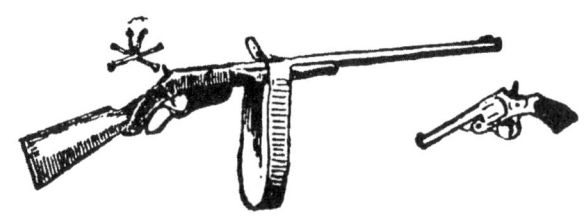

입도 대지 않는 습성 덕분에 수도 없이 위험에서 벗어나 목숨을 건졌다. 거기에 로보의 날카로운 후각은 사람 손이 닿은 흔적이나 독 냄새까지 알아내기 때문에 빈틈이라고는 없었다.

한번은 어떤 목장 일꾼이 로보가 부하들을 모으는 귀에 익은 신호를 듣고 살며시 다가가서 봤더니, 로보 일당이 좁은 골짜기 쪽으로 소 떼를 '몰아넣고' 있었다고 한다. 로보는 멀찍이 떨어진 둔덕에 앉아 있었고, 블랑카와 다른 늑대들은 점찍어 놓은 어린 암소를 '무리에서 떼어 놓으려' 하고 있었다. 하지만 소들은 늑대들에게 뿔을 겨눈 채 빽빽이 무리 지어 서 있었다. 이따금 늑대의 공격에 겁먹은 암소가 소 떼 한복판으로 들어가려고 할 때가 유일한 빈틈이었다. 늑대들은 이때를 노려 점찍어 놓은 암소에게 상처를 입혔지만 치명적이지는 않았다. 로보는 더 이상 두고 볼 수 없었던지, 벌떡 자리를 박차고 일어나 한 차례 우렁차게 울부짖고는 소 떼 쪽으로 돌진해 갔다.

로보의 돌격에 공포에 질린 소들이 대열을 무너뜨리자, 로보는 소 떼 한복판으로 뛰어들었다. 소들은 폭탄이 터지듯 사방으로 흩어졌다. 늑대들이 점찍어 놓은 암소도 달아났지만, 20미터도 채 못 가서 로보에게 붙잡히고 말았다.

로보는 암소의 목덜미를 덥석 물고 온몸의 힘을 실어 멈추어 서면서 암소를 땅바닥에 메어꽂았다. 암소는 머리부터 거꾸로 곤두박질쳤으니, 필시 어마어마한 충격을 받았을 것이다. 로보 자신도 공중에서 한 바퀴 돌았지만 금방 자세를 바로잡았고, 이내 다른 늑대들이 암소에게 달려들어 순식간에 숨통을 끊어 놓았다. 로보는 암소를 죽이는 일에는 끼어들지 않았다. 희생양을 바닥에 메어꽂고 나서 그저 "이까짓 것 하나 해치우지 못하고 그렇게 짐짐 끌어?" 하는 표정을 지었을 뿐이다.

그때 목장 일꾼이 고함을 지르며 나타났고, 늘 그렇듯 늑대들은 달아났다. 일꾼은 때마침 갖고 있던 스트리크닌*을 얼른 죽은 암소의 몸 세 군데에 뿌렸다. 제 놈들이 잡은 암소니까 다시 돌아와서 먹겠거니 생각한 것이다. 이튿날 아침 일꾼이 잔뜩 기대를 하고 가 보니, 과연 늑대들이 암소를 먹기는 먹은 모양이었다. 하지만 독이 묻은 부분은 귀신

---

* 마전과 식물의 씨에 함유된 맹독.

부하들에게 소를 죽이는 시범을 보이는 로보.

같이 발라내 내팽개쳐 놓았더라고 한다.

  목장 주인들은 날이 갈수록 이 뛰어난 늑대를 두려워했고, 로보 목에 걸린 현상금은 해마다 올라가서 1천 달러까지 치솟았다. 일개 늑대 한테 이렇게 많은 상금이 걸린 적은 없었다. 그보다 더 적은 상금을 내걸더라도 늑대 사냥에 나서려는 실력 좋은 사냥꾼들이 많았는데도 말이다.

  어느 날, 텍사스에 사는 태너리라는 삼림 경비원이 현상금을 타겠다며 커럼포 골짜기로 왔다. 태너리는 최고의 늑대 사냥 장비는 다 갖추고 있었다. 가장 좋은 총과 가장 좋은 말에다 덩치 큰 울프하운드 사냥개까지. 태너리는 멀리 팬핸들 평원에서 사냥개들을 몰고 다니며 늑대들을 수없이 죽여 본 터라, 며칠 안으로 로보의 머리를 안장에 매달 수 있으리라고 철석같이 믿었다.

  어느 여름날 아침, 태너리는 어슴푸레 먼동이 트기 무섭게 용감하게 사냥에 나섰다. 얼마 지나지 않아 덩치 큰 사냥개들이 늑대 냄새를 맡고 신나게 짖어 댔다. 2킬로미터도 못 가서 커럼포의 늑대들이 성큼 눈에 들어오면서 추격전은 점점 더 열기를 띠어 갔다.

울프하운드들의 임무는 사냥꾼이 말을 타고 와서 총을 쏠 때까지 늑대를 궁지에 몰아넣는 것이었다. 텍사스의 탁 트인 벌판에서라면 이런 일쯤은 그야말로 식은 죽 먹기일 터였다. 하지만 커럼포 지역의 특징들이 차츰 드러나면서, 사냥꾼은 로보가 얼마나 영토를 잘 골랐는지 깨달았다. 커럼포는 험준한 협곡과 거기서 흘러나오는 개울들이 초원 곳곳을 거미줄처럼 얼기설기 가로지르는 곳이었다. 늙은 늑대는 곧장 가장 가까운 협곡으로 달려갔고, 협곡을 껑충 뛰어넘어 도망치면서 말 탄 사냥꾼을 따돌렸다.

그러고 나서 로보 무리가 흩어지자, 개들도 뿔뿔이 흩어져서 쫓아갔다. 얼마 후 늑대들이 다시 모였을 때는 미처 따라오지 못한 개들도 있었다. 이제 수에서 뒤질 게 없는 늑대들은 방향을 틀어 공격을 시작했고, 쫓아온 개들은 하나도 남김없이 죽거나 큰 상처를 입었다. 그날 밤 태너리가 개들을 불러 모았을 때, 살아 돌아온 개는 겨우 여섯 마리뿐이었고 그중 두 마리는 심하게 다쳐 있었다.

태너리는 그 뒤로도 늑대 우두머리의 머리 가죽을 손에 넣으려고 두 번 더 사냥에 나섰지만, 별다른 소득을 얻지 못했을뿐더러 마지막 사냥 때는 추락 사고로 제일 좋은 말까지 잃고 말았다. 결국 이 사냥꾼은

태너리는 사냥개들을 이끌고 협곡을 올라갔다.

넌더리를 내며 사냥을 포기하고 텍사스로 돌아가 버렸다. 로보를 그 어느 때보다 강력한 커럼포의 폭군으로 만들어 놓고서 말이다.

이듬해에도 현상금을 꼭 손에 넣겠다고 벼르는 사냥꾼 두 명이 나타났다. 그들은 저마다 자기가 이 악명 높은 늑대를 죽일 수 있다고 믿었다. 한 사냥꾼은 새로운 독약을 아주 새로운 방식으로 놓아서 로보를 죽일 수 있다고 보았다. 다른 사냥꾼은 프랑스계 캐나다인이었는데 마법과 주문을 불어넣은 독약으로 로보를 죽일 수 있다고 생각했다. 캐나다인 사냥꾼은 로보가 사실은 '루가루*'라서 어지간한 방법으로는 죽지 않는다고 믿었다. 그러나 그 잿빛 파괴자한테는 교묘하게 섞은 독약도, 주문도, 마법도 통하지 않았다.

로보는 예전처럼 일주일에 한 번씩 제 영토를 돌아다녔고, 날이면 날마다 풍성한 잔치를 벌였다. 결국 몇 주 지나지 않아 캘론과 라로슈라는 이름의 이 사냥꾼들은 완전히 질려서 다른 곳으로 사냥을 떠났다.

그중 조 캘론은 로보를 잡으려다 실패한 뒤 1893년 봄에 치욕스러운 일을 겪었다. 그것은 로보가 확고한 자신감에

---

* 프랑스어로 '늑대 인간'이라는 뜻이다.

차서 적들을 비웃고 있음을 보여 주는 사건이었다. 조 캘론의 농장은 커럼포강의 작은 지류가 흐르는, 그림처럼 아름다운 골짜기에 자리 잡고 있었다. 그런데 바로 그 골짜기의 바위틈에, 농가에서 채 1킬로미터도 떨어지지 않은 곳에 로보와 로보의 짝이 보금자리를 만들어 새끼들을 키운 것이다.

늑대들은 동굴이 많은 절벽 사이 후미진 바위틈에서 마음 놓고 쉬면서 조의 소와 양과 개들을 죽이고, 조가 놓은 독 바른 미끼와 덫을 깡그리 비웃으며 그해 여름을 보냈다. 그동안 조는 연기도 피우고 폭약도 터뜨려 보고 갖은 방법을 다 썼지만, 번번이 허탕만 쳤다. 로보네 식구들은 상처 하나 입지 않은 채 약탈을 계속했다.

조는 절벽을 가리키며 말했다.

"로보가 여름내 저기서 살았는데도 나는 그놈의 털끝 하나 건드리지 못했어. 로보 앞에서는 내가 꼭 바보가 된 기분이었네."

2

나는 이런 이야기를 목장 일꾼들한테서 여러 차례 들었지만, 도무지 믿기지 않았다. 그러다 1893년 가을 처음으로 그 교활한 약탈자를 만났고, 마침내 누구보다 그 녀석을 잘 알게 되었다.

　몇 년 전 빙고라는 개를 데리고 살던 시절만 해도 늑대 사냥을 다녔던 나는 그 무렵 직업을 바꿔 책상 앞에만 앉아 지내고 있었다. 뭔가 새로운 변화를 간절히 바라던 참에 뉴멕시코주 커럼포에서 목장을 하는 친구가 이 약탈자 무리를 처치해 줄 수 없겠냐고 물어 오자, 나는 선뜻 그러겠다고 대답했다. 그러고는 하루 빨리 늑대 왕을 보고 싶은 마음에 한달음에 커럼포의 메사 한복판으로 달려갔다.

　나는 한동안 커럼포의 지리를 익히려고 말을 타고 돌아다녔는데, 이따금 안내인은 살가죽이 아직 붙어 있는 암소의 뼈를 가리키며 "저게 그놈 짓이죠." 하고 말해 주었다.

　이 거친 땅에서 말과 사냥개로 로보를 추적하는 것은 부질없는 짓이었다. 결국 독이나 덫을 놓는 수밖에 없었지만, 당장은 큰 덫이 없었기 때문에 나는 일단 독약을 놓았다.

　이 '루가루'를 함정에 빠뜨린답시고 썼던 수많은 방법을 일일이 설명할 필요는 없을 것이다. 스트리크닌, 비소, 청산가리, 청산 화합물 등 안 써 본 독약이 없고 온갖 고기를 미끼로 써 보았다. 하지만 아침마다 말을 타고 나가 살펴보면, 그 모든 노력은 말짱 헛수고였다. 늙은 왕은 나와는 상대도 안 될 만큼 영리했다.

　다음 이야기를 읽어 보면 로보가 얼마나 영리한지 알 수 있을 것이다. 나는 덫 사냥꾼 노인의 말에 따라 갓 죽인 암소의 신선한 콩팥 지방을 쇠붙이 냄새가 배지 않도록 뼈로 만든 칼로 잘라 치즈와 함께 법랑 냄비에 넣고 뭉근히 끓였다. 그런 다음 식혀서 뭉텅뭉텅 썰어 덩어리마다 한쪽에 구멍을 냈다. 그리고 냄새가 전혀 새어 나오지 않는 캡슐에 스트리크닌과 비소를 듬뿍 넣어 그 구멍에 끼워 넣고 치즈 조각으로 구멍을 막았다. 이 일을 하는 동안 나는 암소의 뜨거운 피에 적신 장갑을 꼈고, 미끼에 입김도 닿지 않도록 조심했다.
　미끼를 다 준비하고 나서 나는 피를 온통 문질러 바른 생가죽 가방에 미끼를 담았다. 그리고 말 뒤에 밧줄로 소의 간과 콩팥을 묶어 질질 끌고 16킬로미터를 돌면서 400미터마다 하나씩 미끼를 떨어뜨렸다. 이 모든 일이 끝날 때까지 나는 내 손이 닿지 않도록 최대한 신경을 썼다.

로보는 대개 주초에 이 근방에 왔다가, 주말에는 시에라그랜드산 기슭을 돌아다니는 것 같았다. 나는 월요일에 미끼를 놓았다. 그날 저녁 우리가 막 돌아가려 할 때 늑대 왕의 낮고 굵은 울음소리가 들렸다. 그 소리를 듣고 일행 중 한 명이 "나타나셨군. 어디 두고 봅시다." 하고 짧게 한마디 했다.

이튿날 아침 나는 결과를 살펴보러 미끼를 놓아둔 곳으로 갔다. 이내 로보가 이끄는 약탈자들의 발자국이 눈에 띄었다. 로보의 발자국은 금방 알아볼 수 있었다. 보통 늑대라면 앞발 길이가 11센티미터, 큰 늑대라도 12센티미터쯤인데 로보의 발은 몇 번이나 재어 보았지만 발톱에서 발꿈치까지 14센티미터나 되었다. 나중에 알았지만 로보는 발 크기에 걸맞게 몸집도 우람해서, 어깨높이가 90센티미터를 넘고, 몸무게도 68킬로그램이나 되었다. 그러니 다른 늑대들의 발자국 틈에서 로보의 발자국은 금방 눈에 띄었다. 로보 무리는 내가 남긴 흔적을 금방 발견하고 여느 때처럼 냄새를 따라간 듯했다. 나는 로보가 첫 번째 미끼에 다가가 냄새를 맡고, 마침내 입에 문 흔적을 발견했다.

나는 기쁨을 감추지 못하고 소리쳤다.

"드디어 녀석을 잡았어. 놈은 1킬로미터도 못 가서 뻣뻣이 굳어 버렸을 거야."

나는 땅에 찍힌 크고 넓적한 발자국을 유심히 살피면서 말을 몰았다. 발자국을 따라가니 두 번째 미끼를 놓은 자리에 이르렀고, 두 번째 미끼도 보이지 않았다. 나는 뛸 듯이 기뻤다. 로보를 잡은 게 분명했다. 어쩌면 로보의 부하들까지 잡았을지도 모른다. 그런데 미끼의 흔적 위로 큼직한 늑대 발자국이 계속 이어졌다. 나는 등자를 딛고 일어서서 들판을 이리저리 두리번거렸지만, 늑대 사체 같은 것은 보이지 않았다.

발자국을 계속 따라가 보니 세 번째 미끼도 보이지 않았

고, 늑대 왕의 발자국은 네 번째 미끼 쪽으로 이어져 있었다. 그제야 나는 로보가 미끼를 물고 나르기만 했지 한 점도 먹지 않았다는 걸 깨달았다. 로보는 네 번째 미끼 위에 다른 미끼 세 덩이를 착착 포개 놓고는 내 얕은꾀를 비웃듯이 똥을 갈겨 놓았다. 그렇게 미끼를 처리하고는 자신이 무사히 지켜 낸 무리와 함께 제 갈 길로 가 버렸다.

이런 일은 수없이 많았기 때문에, 나는 독약으로는 이 약탈자를 없앨 수 없다고 확신했다. 덫이 도착하기 전까지는 꾸준히 독약을 놓았지만, 그것은 이 일대에 득실대는 코요테와 다른 해로운 짐승을 죽이기 위해서였다.

그 무렵 나는 로보가 얼마나 지독하게 교활한지를 새삼 일깨워 주는 사건을 목격했다. 로보 무리는 그저 재미 삼아 가축들을 쫓아다닌 적도 많았다. 놈들은 양들을 겁주어 도망치게 하고는 먹지도 않으면서 죽였다. 양을 칠 때는 보통 양치기 한 사람 이상이 대략 양 1천 마리에서 3천 마리를 돌본다. 양치기들은 밤이면 가장 안전한 곳에 양 떼를 모아 놓고 양쪽에서 한 사람씩 자면서 지켰다.

양들은 어찌나 어리석은지, 별것 아닌 일에도 깜짝 놀라 우르르 달아나기 일쑤다. 그런 양들에게도 장점이랄지 약점이랄지 우두머리를 따르는 본성 하나만은 뿌리 깊게 박혀 있다. 양치기들은 이 점을 이용해서 양 떼 속에 염소 여섯 마리를 섞어 둔다. 양들도 수염 난 사촌들이 자기네보다 똑똑하다는 것을 아는지 밤중에 깜짝 놀라더라도 무작정 달아나지 않고 일단 염소들 주위로 몰려들었고, 그 덕분에 쉽게 보호를 받았다. 하지만 늘 그런 것은 아니었다.

지난해 11월 말의 밤중에, 페리코 목장의 양 떼를 돌보던 두 양치기가 늑대들의 습격에 잠을 깼다. 양 떼는 염소 주위로 모여들었고, 바보도 겁쟁이도 아닌 염소들은 제자리를 지키며 용감하게 맞섰다. 하지만 애석하게도 이 습격을 지휘한 늑대는 보통 늑대가 아니었다. 이 무시무시한 늑대는 양 떼가 염소들을 깊이 의지한다는 사실을 양치기만큼이나 잘 알고 있었다. 그래서 빽빽이 모여 있는 양 떼 뒤쪽으로 잽싸게 달려가 이 지도자들을 덮쳐서 단 몇 분 만에 모조리 죽여 버렸다. 그러자 가엾은 양들은 순식간에 뿔뿔이 흩어졌다.

그 뒤로 몇 주 동안 거의 매일같이 양치기들이 "혹시 'OTO'라는 낙인이 찍힌 길 잃은 양을 본 적 있소?" 하고 시름에 차서 물었고, 나는 아는 대로 대답해 주었다. 어떤 날은 "음, 다이아몬드스프링스 옆에 대여섯 마리가 죽어 있더군.", 어떤 날은 "양 몇 마리가 '떼 지어' 맬파이 메사를 뛰어가고 있던데.", 또는 "글쎄, 주앙 메이라가 이틀 전에 세드라몬테에서 방금 죽은 양들을 스무 마리쯤 봤다더군." 하는 식으로 말이다.

마침내 늑대 덫이 도착했다. 나는 일꾼 두 사람과 함께 꼬박 일주일 동안 적당한 곳에 덫을 놓았다. 우리는 힘든 일도 마다하지 않았고, 성공할 것 같은 방법이 떠오르면 무조

건 실행에 옮겼다.

 덫을 놓은 지 이틀째 되던 날, 나는 덫을 점검하러 돌아다니다가 덫에서 덫으로 뛰어다닌 로보의 발자국을 발견했다. 흙먼지에 남은 흔적을 보니 전날 밤 로보가 무슨 짓을 했는지 훤히 짐작할 수 있었다.

 로보는 어둠 속을 달리면서도 교묘하게 숨겨 놓은 덫을 대번에 찾아낸 것이다. 로보는 부하들이 앞서 나가지 못하게 하고는, 사슬과 통나무가 드러날 때까지 조심스럽게 파헤쳐 입을 쩍 벌리고 있는 덫을 들추어냈다. 그러고는 계속 여기저기 다니면서 똑같은 방법으로 열두 개도 넘는 덫을 파헤친 것이다.

 로보의 발자국을 살펴보고 나서 나는 녀석이 의심스러운 낌새가 있으면 곧바로 걸음을 멈추고 옆으로 비켜난다는 사실을 알아냈다. 그 순간 로보를 속일 만한 새로운 꾀가 떠올랐다. 나는 H 자 모양으로 덫을 놓았다. 다시 말해서 오솔길 양쪽에 덫을 줄줄이 놓고 가운데 부분에 덫을 하나 더 놓은 것이다.

 얼마 지나지 않아 나는 다시 한 번 실패를 맛보았다. 로보는 오솔길을 따라 뛰어오다가 두 줄로 놓인 덫 사이로 제법 깊숙이 들어섰지만, 한복판에 덫이 있는 것을 눈치채고 제때에 걸음을 딱 멈추었다. 대체 어떻게 알았을까? 야생 동

덫을 파헤치는 로보.

물의 수호천사가 보살펴 주기라도 한단 말인가. 로보는 발길을 왼쪽이나 오른쪽으로 한 치도 돌리지 않고 제 발자국을 또박또박 되밟으며 위험 지역에서 벗어날 때까지 천천히, 조심스레 물러났다. 그러고는 한쪽으로 돌아서서 뒷발로 흙덩어리와 돌멩이 세례를 퍼부어 덫 주둥이를 모조리 닫아 버렸다.

로보는 내가 놓은 다른 덫들도 마찬가지로 쉽게 간파했다. 내가 아무리 다양한 방법을 시도하고 세심하게 주의를 기울여도 로보는 결코 속지 않았고, 깜빡 실수하는 일도 없었다. 만약 한 동료 때문에 불운을 맞지만 않았다면, 로보는 지금까지 약탈을 일삼고 있었을지도 모른다. 그러나 로보는 결국 역사 속의 수많은 영웅들과 똑같이 파멸하고 말았다. 혼자였다면 결코 무너지지 않았을 영웅이 믿었던 동료의 어리석은 행동 때문에 몰락한 것이다.

3

나는 커럼포의 늑대들이 언제나 정해진 대로 행동하지는 않는다는 인상을 한두 차례 받았다. 규칙에서 벗어난 흔적이 있었던 것이다. 이를테면 몸집이 작은 늑대가 때때로 우

로보와 블랑카.

두머리를 앞질러 달린 흔적이 있었다. 나는 이 사실이 의아스러웠지만, 한 목장 일꾼의 말을 듣고 곧 이해했다.

"오늘 그놈들을 봤어. 블랑카가 앞장서서 달려가더군."

그때 나는 한 가지 사실이 떠올라 이렇게 말했다.

"그럼 블랑카는 암놈이군. 수컷이었다면 그 자리에서 로보한테 목숨을 잃었을 테니까."

그 덕분에 내 머릿속에 새로운 계획이 떠올랐다. 나는 어린 암소를 죽여서 그 주변에 덫 한두 개를 눈에 잘 띄게 놓았다. 그리고 아무 쓸모가 없어 늑대들이 거들떠보지도 않는 암소 머리를 약간 떨어진 곳에 놓아두고 그 주위에 쇠붙이 냄새를 없앤 튼튼한 강철 덫 여섯 개를 감쪽같이 숨겨 놓았다.

나는 손이며 장화, 도구에 신선한 피를 잔뜩 바르고 일했고, 암소 머리에서 흘러나온 것처럼 보이도록 땅에다 피까지 뿌렸다. 덫을 땅에 묻은 뒤에는 코요테 가죽으로 그 자리를 쓸고 코요테 발로 발자국을 잔뜩 찍어 놓았다. 암소 머리는 풀숲에서 조금 떨어진 곳에 놓고, 풀숲과 암소 머리 사이의 좁은 오솔길에 성능이 가장 좋은 덫 두 개를 묻은 다음 암소 머리에 단단히 고정했다.

늑대들은 바람결에 동물 사체 냄새가 실려 오면, 배가 고프지 않아도 살펴보러 다니는 습성이 있다. 나는 커럼포의 늑대들이 이 습성에 이끌려 내가 판 함정으로 접근하기를 바랐다. 로보가 고기를 보면 내 짓이란 것을 눈치채고 동료들이 다가가지 못하도록 막을 게 뻔하지만, 암소 머리에 한 가닥 희망을 품었다. 쓸데가 없어서 버린 것처럼 보이면 되는 것이다.

이튿날 아침, 우리는 덫을 살펴보기 위해 기운차게 출발했다. 아, 드디어! 기쁘게도 암소 머리와 덫이 놓여 있던 자리가 텅 비고 늑대들의 발자국이 찍혀 있었다. 흔적을 대충 살펴보니, 로보가 부하들이 암소 고기에 다가가지 못하도록 막고 있는 틈에 작은 늑대 한 마리가 그 옆에 놓인 암소 머리를 살펴보러 갔다가 덜컥 덫에 걸린 모양이었다.

발자국을 쫓아 1.5킬로미터쯤 갔을 때, 우리는 그 불운한 늑대가 블랑카임을 알았다.

블랑카는 전속력으로 달리고 있었고, 22킬로그램이나 되는 암소 머리를 끌고 가면서도 뒤쫓아 뛰어가는 내 동료와의 거리를 금세 벌려 놓았다. 하지만 우리는 바위 지대에서 블랑카를 따라잡았다. 바위틈에 암소 뿔이 걸리는 바람에 옴짝달싹 못 하게 된 것이다. 블랑카는 내가 본 늑대 중 가장 아름다웠다. 털은 흠잡을 데 없이 고왔고 털빛은 거의 흰색에 가까웠다.

블랑카는 돌아서더니 온 골짜기가 울리도록 긴 울음소리를 내며 도움을 청했다. 멀리 메사에서 굵고 낮은 울음소리, 바로 로보의 대답이 들려왔다. 하지만 블랑카는 더 이상 소리를 내지 못했다. 어느새 포위망을 좁혀 든 우리와 온 힘을 다해 싸우느라 소리 지를 겨를도 없었던 것이다.

이윽고 피할 수 없는 비극이 뒤따랐다. 지나고 나서 보니 그때 그런 짓을 한 것이 더욱 마뜩잖았다. 우리는 각각 블랑카의 목에 올가미를 건 다음, 블랑카의 입에서 피가 뿜어져 나오고 눈빛이 흐릿해지고 사지가 뻣뻣해지다가 축 늘어질 때까지 서로 다른 방향으로 말을 몰았다. 그러고는 죽은 블랑카를 싣고 로보 일당에게 처음으로 큰 손실을 입힌 사실에 신이 나서 집으로 돌아왔다.

그 비극이 벌어지는 동안에도 집으로 돌아가는 동안에도, 이따금 멀리 메사에서 로보가 블랑카를 찾아 헤매며 울부짖는 소리가 들렸다. 로보는 블랑카를 버리고 싶지 않았지만, 그렇다고 구해 줄 수도 없다는 것을 잘 알고 있었다. 우리가 다가오는 것을 보았을 때, 로보 역시 총에 대한 뿌리 깊은 두려움을 떨칠 수 없었던 것이다. 온종일 로보가 블랑카를 찾아 울부짖는 소리를 들으며 나는 일행 중 한 사람에게 말했다.

"역시 블랑카는 로보의 짝이었어."

땅거미가 내릴 무렵 보금자리가 있는 골짜기로 돌아왔는지 로보의 울음소리가 점점 가깝게 들렸다. 그 울음소리에는 슬픔이 짙게 배어 있었고 더 이상 우렁차거나 오만하지 않았다. 그것은 고통에 찬 기다란 울부짖음이었다.

"블랑카! 블랑카!"

로보는 그렇게 외치는 것 같았다. 밤이 되자 나는 블랑카가 붙잡힌 곳에서 그리 멀지 않은 곳에 로보가 와 있다는 것을 알았다. 마침내 로보는 블랑카의 자취를 찾아낸 듯했고, 블랑카가 죽은 곳에서 가슴이 찢어지듯 애처롭게 울었다. 그 울음소리는 믿기지 않을 만큼 슬펐다. 감정이 무딘 목장 일꾼들조차 "저렇게 서럽게 울부짖는 늑대는 처음 본다."라고 할 정도로. 로보는 무슨 일이 벌어졌는지 잘 아는 듯했다. 그곳은 블랑카의 피로 얼룩져 있었으니까.

로보는 말 발자취를 더듬어 목장 주인의 집까지 찾아왔다. 블랑카를 찾을 줄 알고 온 것인지 복수하러 온 것인지는 알 수 없지만, 아무튼 복수는 했다. 로보는 마침 집 밖에 나와 있던 개를 덮쳐서, 문에서 겨우 50미터 떨어진 곳에다 갈가리 찢어 놓았던 것이다. 이튿날 아침 발자국을 보니 로보는 혼자 왔고, 평소와 달리 조심성 없이 마구 날뛴 게 틀림없었다. 그럴 줄 알고 나는 미리 목장 주위에 덫을 많이 놓아두었지만, 로보는 덫에 걸렸는데도 워낙 힘이 좋아서 덫을 빼내고 옆에 내팽개쳐 놓았다.

로보는 블랑카의 사체라도 찾기 위해 근처를 계속 맴도는 것 같았다. 그래서 나는 로보가 이곳을 떠나기 전에, 그리고 지금처럼 조심성을 잃은 상태일 때 잡으려고 온갖 노력을 기울였다. 그러다가 블랑카를 죽인 것이 얼마나 큰 실수였는지 깨달았다. 블랑카를 미끼로 썼다면 바로 다음 날 밤에 로보를 잡았을 수도 있었던 것이다.

나는 쓸 수 있는 덫을 모조리 끌어모아, 튼튼한 강철 덫 130개를 골짜기로 통하는 오솔길마다 네 개씩 늘어놓았다. 덫은 각기 통나무에 고정해서 따로따로 묻어 두었다. 땅을 팔 때는 풀뿌리째 조심스레 흙을 떠내고 흙 부스러기 한줌까지 모포에 고스란히 담아 두었다가 제자리에 도로 덮었다. 그 덕분에 눈으로 보기에는 사람의 손이 닿은 티가 조금도 나지 않았다.

덫을 묻은 뒤에는 덫을 놓은 자리마다 블랑카의 사체를 질질 끌고 다녔다. 그리고 나서는 목장을 한 바퀴 돌며 온 목장에 냄새를 묻혔다. 마지막으로 블랑카의 한쪽 발을 잘라 각각의 덫 위에 한 줄로 발자국을 찍어 놓았다. 이렇게 내가 아는 모든 방법을 동원하고 온갖 주의를 기울여 덫을 놓고는 저녁 늦게야 돌아와 결과를 기다렸다.

밤중에 로보의 목소리를 한 번쯤 들은 것도 같았지만 확실하지는 않았다. 이튿날 나는 말을 타고 나가 보았는데, 북쪽 골짜기를 다 돌아보기도 전에 날이 저물어 딱히 찾아낸 것이 없었다.

저녁을 먹을 때 한 목장 일꾼이 말했다.

"오늘 아침 북쪽 골짜기에 있던 소 떼가 큰 소동을 일으켰다네. 아마 뭔가가 덫에 걸린 모양이야."

이튿날 오후, 나는 일꾼이 일러 준 곳으로 가 보았다. 내가 다가가자 거대한 잿빛 형체가 몸을 일으키며 도망치려고 헛되이 발버둥쳤다. 내 앞에는 커럼포의 왕 로보가 덫에 걸려 꼼짝도 못 하고 있었다. 가엾은 영웅 로보는 잠시도 쉬지 않고 사랑하는 블랑카를 찾아다녔고, 블랑카의 흔적을 발견하자 정신없이 쫓아가다가 자기를 노리는 덫에 걸린 것이다.

로보는 덫 네 개에 네 발이 모두 걸려 옴짝달싹도 못 했는데, 주위에는 소 발자국이 수없이 찍혀 있었다. 소들은 감히 로보한테 덤빌 엄두는 못 냈지만, 신세를 망친 폭군에게 모욕을 주려고 모여들었던 모양이다.

로보는 이틀 밤낮을 덫에 묶여 몸부림친 터라 힘이 다 빠져 있었다. 그래도 내가 다가가자 목털을 곤두세우며 일어나 마지막으로 깊고 굵게 으르렁거리는 소리를 온 골짜기에 퍼뜨렸다. 그것은 도움을 청하는 외침, 자신의 무리를 불러 모으는 소리였다. 하지만 아무런 대답도 들리지 않았다. 혼자서 궁지에 몰린 로보는 휙 돌아서서 죽을힘을 다해 나한테 달려들었다.

하지만 모든 게 헛일이었다. 각각의 덫은 130킬로그램도 넘는 힘으로 로보를 꽉 붙잡고 있었다. 그런 커다란 강철 덫 네 개에 사정없이 물려 있는 데다가 무거운 통나무와 사슬까지 엉겨 있으니 로보도 어쩔 도리가 없었다. 그 무정한 사슬을, 로보는 큼직한 상앗빛 송곳니로 얼마나 갉아 댔을까. 내가 용기를 내어 총 끝으로 로보를 건드렸을 때 로보가 총에 남긴 이빨 자국은 지금도 남아 있다.

로보의 눈동자는 증오와 분노로 파랗게 이글거렸고, 부들부들 떠는 내 말과 나를 물려고 턱을 쩍 벌렸다가는 '딱' 하는 둔탁한 소리를 내며 다물었다. 하지만 몹시 굶주린 데다 몸부림을 치면서 피를 많이 흘려 지칠 대로 지친 로보는 이내 땅바닥에 털썩 쓰러지고 말았다.

나는 로보 때문에 많은 사람들이 겪은 고통을 되갚아 주려다가, 왠지 양심의 가책을 느꼈다.

"위대한 무법자여, 제멋대로 날뛰는 수많은 약탈자들의 영웅이여. 이제 머지않아 너는 거대한 고깃덩어리에 지나지 않게 될 것이다. 다른 길은 없다."

나는 올가미를 휘휘 돌리다가 로보의 목을 겨냥해서 던졌다. 올가미가 천천히 날아갔다. 로보는 여전히 거칠었다. 올가미가 머리에 닿기도 전에 잡아채서 굵고 튼튼한 밧줄을 단번에 끊어 버린 것이다. 밧줄은 두 동강 나 로보의 발치에 떨어졌다.

물론 마지막 수단으로 총이 있었지만, 늑대 왕 로보의 멋진 털가죽에 구멍을 내고 싶지는 않았다. 그래서 말을 타고 야영지로 돌아가 목장 일꾼 한 명과 함께 새 올가미를 가지고 돌아왔다. 우리는 포로에게 막대기를 던져서 그것을 물게 하고는, 그 틈에 올가미를 씌워 목을 졸랐다.

로보의 사나운 눈동자에서 빛이 꺼지기 전에 내가 소리쳤다.

"잠깐, 죽이지는 맙시다. 산 채로 야영지로 데려가자고."

우리는 이제 기운을 완전히 잃은 로보의 송곳니 뒤쪽에 굵은 막대기를 물린 다음, 턱과 막대를 튼튼한 밧줄로 묶었다. 로보는 막대기 때문에 밧줄을 물어뜯지 못했고, 밧줄 때문에 막대기를 뱉어 내지도 못했다. 이제 아무것도 물 수 없게 된 것이다. 로보는 턱이 묶이자 더 이상 발버둥치지 않았고 소리도 내지 않았다. 그저 우리를 차분히 바라보았는데, "드디어 나를 잡았으니, 이제 너희 마음대로 해라." 하고 말하는 듯했다. 그 뒤로 로보는 우리에게 눈길 한번 주지 않았다.

우리가 발을 단단히 묶을 때도 로보는 신음을 내지도 으르렁거리지도 고개를 돌리지도 않았다. 우리 두 사람은 가까스로 로보를 말에 실었다. 로보는 마치 잠을 자듯이 고른 숨소리를 냈고 눈동자도 다시 맑게 빛났지만, 결코 우리를 쳐다보지 않았다. 로보의 눈길은 메사의 벌판을 떠날 줄 몰랐다. 지금까지 로보의 왕국이었던 그곳에는 한때 이름을

늑대 왕 로보.

날리던 부하들이 뿔뿔이 흩어져 있었다. 로보는 조랑말에 실려 골짜기로 들어가, 바위산이 앞을 가릴 때까지 하염없이 메사 벌판을 바라보았다.

　우리는 천천히 길을 더듬어 무사히 목장에 이르렀다. 그러고는 로보를 튼튼한 사슬로 단단히 묶고 목줄을 채워서 풀밭에 말뚝을 박은 다음 올가미를 풀었다. 그제야 비로소 나는 로보를 꼼꼼히 관찰할 수 있었고, 살아 있는 영웅이나 폭군에 관해 떠도는 소문이 그야말로 허풍임을 깨달았다. 로보의 목에는 금목걸이도 없었고, 어깨에 악마와 한통속이라는 표시로 뒤집힌 십자가가 새겨져 있지도 않았다. 엉덩이에 크고 넓적한 흉터가 있기는 했는데, 소문에 따르면 태너리의 우두머리 사냥개인 주노의 이빨 자국이라고 했다. 로보가 주노를 골짜기 모래밭에 내던져 목숨을 끊어 놓기 전에, 주노가 로보한테 남긴 흔적이라는 것이다.

　고기와 물을 곁에 놓아 주어 봤지만 로보는 거들떠보지도 않았다. 로보는 차분히 땅바닥에 엎드려 고요한 황토빛 눈동자로 골짜기 입구 너머에 광활하게 펼쳐진 평원, 자신의 평원을 바라볼 뿐, 옆에서 건드려도 털끝 하나 움직이지 않았다. 해가 기울고 나서도 로보는 하염없이 평원만 바라보았다. 나는 밤이 되면 로보가 부하들을 불러들일 거라고 생각하고 거기에 대비했다. 하지만 로보는 가장 다급한 순간

딱 한 번 울부짖었고, 아무도 오지 않자 그 뒤로 두 번 다시 도움을 청하지 않았다.

힘 잃은 사자나 자유를 빼앗긴 독수리, 또는 짝 잃은 비둘기는 상심해서 죽는다고 한다. 그러니 타협을 모르는 이 무법자가 힘과 자유와 사랑을 모두 잃고 어떻게 견딜 수 있었겠는가? 내가 아는 것은 오직 하나, 동틀 무렵 로보는 여전히 차분하게 누워 있었지만 이미 영혼이 그에게서 떠났다는 사실뿐이다. 늑대 왕 로보는 죽은 것이다.

나는 로보의 사슬을 풀고, 목장 일꾼의 도움을 받아 블랑카의 사체가 있는 헛간으로 로보를 옮겨 주었다. 로보를 블랑카 곁에 내려놓자, 일꾼이 큰 소리로 말했다.

"그렇게 오고 싶어 하더니만, 이제 너희 둘은 다시 하나가 되었구나."

LITTLE
WARHORSE

The History of a Jack-rabbit
산토끼의 영웅 리틀워호스

1

 읍내에서 리틀워호스*라는 산토끼를 모르는 개는 없었다. 덩치 큰 갈색 개 하나는 툭하면 리틀워호스를 쫓아다니는데, 리틀워호스는 늘 판자 울타리에 난 구멍으로 쏙 빠져나가 그 개를 따돌렸다. 또 몸집이 작고 민첩한 개는 울타리 구멍까지 따라오는데, 그러면 리틀워호스는 가장자리가 가파르고 물살이 빠른 6미터짜리 관개 수로를 훌쩍 뛰어넘었다. 이 방법은 그 개가 더 이상 쫓아올 수 없게 만드는 가장 '확실한 약'이었다. 사내아이들은 지금도 그곳을 '산토끼가 뛰어넘은 곳'이라고 부른다.

 그런데 리틀워호스보다 뜀뛰기를 잘하는 그레이하운드가 한 마리 있었다. 그 개는 울타리 구멍을 빠져나가지 못

---

* '리틀'은 작다, '워호스'는 군인들이 전쟁터에서 타는 말이라는 뜻이다.

할 것 같으면 아예 울타리를 뛰어넘었다. 그래서 그 그레이하운드한테는 몇 번인가 아슬아슬하게 쫓겨 다녔다. 그럴 때면 리틀워호스는 오세이지오렌지* 산울타리에 이를 때까지 요리조리 잽싸게 피해 다니면서 겨우 목숨을 건졌다. 그레이하운드도 그 산울타리 앞에서는 방법이 없었다. 그 밖에도 크고 작은 개들이 리틀워호스를 귀찮게 쫓아다녔지만, 그런 개들은 들판에서도 쉽게 따돌렸다.

시골집들은 개가 한 마리씩은 있었지만, 워호스가 진짜로 무서워하는 개는 딱 한 마리, 다리가 길고 사나운 검둥개였다. 이 개는 어찌나 날래고 끈질긴지 몇 번이나 워호스를 죽을 고비로 몰아넣었다.

---

* 가을에 노란 열매가 달리는 뽕나뭇과 관목.

　고양이들은 딱히 신경 쓸 필요가 없었다. 고양이한테 위협받은 적은 기껏해야 한두 번이다. 어느 날 달밤에 워호스가 풀을 뜯는데, 사냥에 몇 번 성공하여 콧대가 높아진 커다란 수고양이가 살금살금 다가왔다. 워호스는 웬 시커먼 동물의 눈이 반짝이는 것을 보았다. 워호스는 고양이가 덮치기 직전에 뒤꿈치를 들고 발딱 서서, 15센티미터도 넘는 길쭉, 넓적한 귀를 쫑긋 세우고는 고양이를 똑바로 마주 보았다. 그러고는 으르르으르르 큰 소리로 으름장을 놓으며 1.5미터쯤 휙 튀어나가 고양이의 머리를 덮쳤다. 워호스의 날카로운 뒷발톱이 머리에 꽉 박히자, 수고양이는 두 발로 선 거대한 괴물에게 잔뜩 겁을 먹고 달아났다.
　이 속임수는 몇 번 써먹었는데, 대체로 보기 좋게 성공했지만 비참한 실패로 끝난 적도 두 번 있었다. 한번은 멋모르고 공격한 고양이가 알고 보니 근처에 새끼가 있는 어미 고양이여서 결국 걸음아 날 살려라 도망칠 수밖에 없었다. 또 한번은 스컹크의 머리 위로 냅다 뛰어내렸다가 된통 혼난 적도 있었다.

하지만 가장 위험한 적은 누가 뭐래도 그레이하운드였다. 손에 땀을 쥐게 하는 모험이 무사히 끝났기에 망정이지, 안 그랬으면 벌써 그레이하운드한테 목숨을 잃었을지도 모른다.

워호스는 밤에 먹이를 먹었다. 밤에는 적도 별로 없고 숨기도 쉽기 때문이다. 어느 겨울날 새벽, 워호스는 자주개자리밭에서 풀을 뜯다가 자기가 가장 좋아하는 보금자리로 가려고 탁 트인 눈밭을 지나갔다. 그때 재수 없게도 읍내 밖에서 어슬렁거리던 그레이하운드를 만났다. 사방이 탁 트이고 날이 점점 밝아 와서 숨을 곳도 없는지라 꽁지가 빠지게 도망치는 수밖에 없었지만, 발이 푹푹 빠지는 눈밭은 산토끼한테 불리했다.

둘은 눈밭을 가로지르며 바람처럼 쌩쌩 달렸다. 양쪽 다 기운이 펄펄 넘쳤고 뛰어난 달리기 선수였다. 둘의 유연한 발이 눈밭에 닿을 때마다 눈가루가 풀풀 날렸다. 워호스는 지그재그로 달리다가 갑자기 한 바퀴 휙 돌다가를 반복하면서 죽어라고 도망쳐 다녔다.

모든 것이 개한테 유리했다. 개는 속도 비어 있었고, 날씨도 추웠고, 눈도 얼지 않았다. 반면 워호스는 자주 개자리를 너무 많이 먹어서 속이 거북했다. 하지만 눈밭을 박차고 나가는 워호스의 발이 얼마나 빠르던지, 호스 열댓 개가 한꺼번에 눈가루를 뿜어내는 것처럼 보였다.

둘은 탁 트인 눈밭에서 쫓고 쫓기는 추격전을 펼쳤다. 근처에는 몸을 숨길 만한 산울타리도 없었고, 워호스가 울타리 쪽으로 가려고 하면 사냥개가 교묘하게 가로막았다. 쫑긋 서 있던 워호스의 귀가 축 늘어졌다. 심장에 무리가 왔다거나 숨이 가쁘다는 신호였다. 그때 갑자기 워호스의 귀가 다시 쫑긋 섰다. 불현듯 기운을 되찾은 모양이었다.

워호스는 온 힘을 쥐어짜서, 산울타리가 있는 북쪽 대신 탁 트인 초원이 있는 동쪽으로 달렸다. 그레이하운드도 뒤쫓아 왔다. 워호스는 50미터쯤 가서 재빨리 옆으로 몸을 돌

렸다. 그러고는
다시 동쪽으로 달
렸다. 그렇게 지그재그로
잽싸게 피하면서 농장 쪽으로 곧장
달려갔다. 높다란 농장 울타리에는 암탉
들이 드나드는 구멍이 있었고, 울타리 너머
에는 밉살스러운 덩치 큰 검둥개가 있었다.

 그레이하운드가 울타리 때문에 잠시 꾸물거
리는 틈을 타서, 워호스는 암탉 구멍으로 쏙 들
어가 뜰 한구석에 숨었다. 그레이하운드는 야
트막한 대문으로 달려가서는 대문을 펄쩍 뛰
어넘어 암탉들 틈에 내려섰다. 암탉들은 꼬
꼬댁거리며 도망치고, 새끼 양들은 큰 소리
로 울어 댔다. 그러자 뜰을 지키던 검둥개가
가축들을 구하러 뛰어왔고, 이쯤에서
워호스는 방금 들어왔던 구멍으로 도로 빠져나갔다.

 등 뒤에서 개들이 증오와 분노에 차서 무섭게 짖어 대는
소리가 들렸고, 이어서 사람들의 고함 소리가 더해졌다. 그
싸움이 결국 어떻게 끝났는지는 알 수도 없고 알 필요도 없
지만, 놀랍게도 그 뒤로 워호스가 날랜 그레이하운드 때문
에 고생하는 일은 없었다.

2

 어려운 시절이 있으면 좋은 시절도 있게 마련이다. 그런데 캐스케이도 지방의 산토끼들은 지난 몇 년 동안 극히 어려운 시절과 극히 좋은 시절을 번갈아 겪었다. 그 옛날 산토끼들은 맹금과 맹수, 추위와 더위, 무섭게 번지는 전염병 그리고 병을 옮기는 파리 떼와 끊임없이 싸우면서도 꿋꿋이 살아왔다. 그런데 사람들이 농사를 짓게 되면서부터 많은 변화가 생겼다.

 총을 가진 사람과 개가 우르르 나타나자 코요테며 여우, 늑대, 오소리, 매의 수가 확 줄어든 덕분에 토끼들은 몇 년 새 엄청나게 불어났지만, 곧 전염병이 돌아 다시 무더기로 죽었다. 살아남은 것은 가장 튼튼하고 노련한 토끼들뿐이었다.

 한동안은 산토끼를 찾아보기가 힘들었다. 그런데 이 시기에 또 다른 변화가 찾아왔다. 사방에 오세이지오렌지 산울타리가 생겨 새로운 피난처를 마련해 준 것이다. 이제 산토끼한테는 빠른 발보다는 꾀가 더 중요해졌다. 현명한 산토끼들은 개나 코요테한테 쫓길 때 가까운 산울타리로 뛰어가서 작은 구멍으로 도망쳐 적이 큰 구멍을 찾아 헤매는 동안 적을 따돌렸다.

　여기에 대항해서 코요테들은 릴레이 추격이라는 꾀를 생각해 냈다. 코요테 두 마리가 산울타리 양쪽에서 들판을 나누어 지키다가 산토끼가 산울타리 쪽으로 도망치려고 하면 양쪽에서 몰아붙여 잡는 방법이다. 산토끼는 여기에 맞서 뛰어난 시력으로 두 번째 코요테가 있는 곳을 알아내고, 그쪽을 피해 도망치면서 튼튼한 다리로 첫 번째 코요테를 따돌렸다.

　이처럼 산토끼 수는 엄청나게 늘었다가는 쑤욱 줄어들고 다시 늘어났다가 줄어들기를 되풀이했다. 그리고 지금 다시 수가 늘어나는 참이었다. 수많은 어려움을 헤치고 살아남은 지금의 산토끼들은 조상들이 한 철도 넘기지 못하던 곳에서 잘도 살아갔다.

　산토끼들한테 가장 살기 좋은 곳은 탁 트인 넓은 목장이 아니라 울타리가 많고 복잡한 들판이었다. 그런 곳은 작은 밭이 오밀조밀 모여 있어 마치 집들이 다닥다닥 붙어 있는 큰 마을 같았다.

　뉴처슨의 철도역 주변에도 그런 채소 농장 마을이 하나 생겼다. 거기서 1.5킬로미터쯤 떨어진 들판에는 온갖 어려움을 헤치고 살아남은 새로운 산토끼 종족이 많이 살고 있었다. 이 토끼들 가운데 '초롱눈'이라는 이름의 작은 잿빛

암토끼가 있었다. 잿빛 덤불숲에 숨을 때면 눈만 초롱초롱 빛난다고 하여 붙은 이름이었다.

초롱눈은 달리기 명수였고, 특히 울타리를 교묘하게 이용해서 코요테를 따돌릴 줄 알았다. 초롱눈은 탁 트인 목초지에다 보금자리를 만들었다. 초롱눈의 새끼들은 사람의 발길이 끊긴 지 오래된 이 들판에서 나고 자랐다. 한 마리는 제 어미처럼 눈이 초롱초롱하고 털빛이 은회색이며 어미를 닮아 영리했다. 또 한 마리는 제 어미의 재능과 새 토끼 종족이 지닌 장점 중에서 가장 훌륭한 점을 고스란히 물려받은 특별한 토끼였다.

이 토끼가 바로 이 모험 이야기의 주인공이다. 이 산토끼는 훗날 경기장에서 리틀워호스라는 이름을 얻고 세계적으로 명성을 날리게 된다.

워호스는 예로부터 전해 내려오던 꾀를 새롭게 되살려 냈고, 그 꾀로 오랜 적들과 싸우는 법을 터득했다.

워호스는 어렸을 때 이미 캐스케이도에서 가장 현명한 토끼라 불릴 만한 꾀를 짜냈다. 어느 날, 작고 사나운 누런 개가 워호스를 쫓아왔다. 워호스는 밭과 농장 사이로 요리조리 도망쳐 다녔지만 도저히 개를 따돌릴 수 없었다.

그 꾀는 코요테한테서 도망칠 때나 잘 통하는 수법이었다. 농부와 개들이 산토끼를 쫓던 코요테를 자기도 모르게 공격하는 일이 가끔 있기 때문이다. 하지만 개한테는 먹히지 않았다. 누런 개는 몸집이 작아서 울타리에 난 구멍도 쏙쏙 빠져나와 계속 쫓아왔다. 아직 어린 데다 경험도 적은 워호스는 점점 힘에 부쳤다.

쫑긋 섰던 귀도 서서히 뒤로 처지기 시작했다. 워호스는 귀를 납작 젖히고 오세이지오렌지 산울타리에 난 좁은 구멍을 날쌔게 통과했지만, 누런 개도 질세라 잽싸게 구멍을 통과해서 바싹 쫓아왔다. 눈앞에 펼쳐진 들판 한복판에는 암소 몇 마리와 송아지 한 마리가 있었다.

야생 동물들은 궁지에 몰리면 신기하게도 선뜻 낯선 이에게 의지한다. 적에게 잡히면 끝장이기 때문이다. 한 가닥 희망이라면, 낯선 이가 자기를 도와줄지도 모른다는 기대뿐이었다. 궁지에 몰린 워호스도 결국 암소들한테 달려갔다.

암소들은 워호스가 어떻게 되든 아무 상관 없었다. 하지만 개한테는 뿌리 깊은 감정이 있었다. 그래서 펄쩍펄쩍 뛰

어오는 누런 개를 보고는 대뜸 꼬리와 코를 치켜들었다. 암소들은 성난 듯이 코를 쿵쿵거리더니, 송아지를 데리고 있던 어미 소를 앞세우고 누런 개한테 우르르 몰려들었다. 그 틈에 워호스는 나지막한 가시덤불 속에 숨었고, 누런 개는 옆으로 펄쩍 비켜났다. 어미 소는 누런 개가 송아지를 공격하려는 줄 알고 사납게 쫓아갔다. 누런 개는 가까스로 달아나 목숨을 건졌다.

　이 꾀는 옛날에 토끼들이 코요테한테 쫓길 때 들소의 도움을 받던 때부터 전해 내려온 것이 틀림없다. 워호스는 이 꾀를 잘 기억해 두었다가 그 뒤로도 몇 번이나 이 꾀를 써서 목숨을 건졌다.

워호스는 재능도 뛰어나지만 색깔도 매우 특이했다.

동물들의 털색은 대개 두 가지 중 하나의 색을 띤다. 하나는 주위 환경과 어우러져 몸을 감쪽같이 숨겨 주는 '보호색'이고, 또 하나는 어떤 목적을 위해 다른 동물들 눈에 확 띄게 해 주는 '경계색'이다.

그런데 산토끼는 특이하게도 보호색과 경계색을 모두 갖고 있다. 산토끼는 귀와 머리, 또 등과 옆구리가 연한 잿빛이어서, 잿빛 덤불이나 흙더미에 웅크리고 있으면 아주 가까이 다가가기 전에는 눈에 띄지 않는다. 즉 보호색인 셈이다.

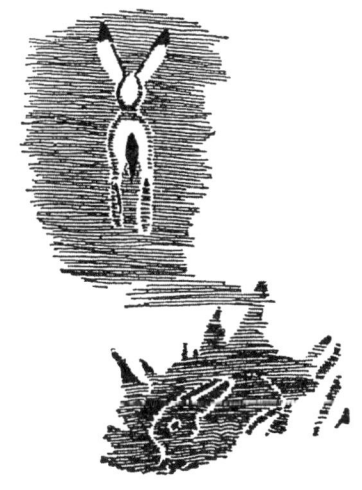

하지만 적한테 들킬 게 뻔한 경우에는 펄쩍 뛰어올라 쏜살같이 도망친다. 그러면 잿빛 털은 순식간에 사라지고, 마치 옷을 싹 갈아입은 듯 딴 색깔을 띤다. 눈처럼 하얀 다리, 흰 바탕에 박힌 까만 점 같은 꼬리, 눈처럼 흰 색깔에 끄트머리만 까만 귀. 말하자면 흰 바탕에 검은 점이 찍힌 토끼로 변하는 것이다. 이것이 경계색이다.

그러면 산토끼는 어떻게 두 가지 색을 다 갖게 되었을까?

이유는 간단하다. 귀 앞쪽은 잿빛이지만, 뒤쪽은 검은 점이 찍힌 흰색이다. 앉을 때는 꼬리와 다리를 깔고 앉기 때문에 흰 엉덩이에 달린 까만 꼬리와 하얀 다리가 잿빛 털에 폭 감싸여 보이지 않지만, 발딱 일어나면 잿빛 털이 바싹 당겨 올라가 까만 점이 찍힌 하얀 바탕이 드러난다. 그렇게 해서 방금 전까지 '나는 흙이야.' 하고 속삭이던 산토끼가 갑자기 '난 산토끼야!' 하고 소리치는 것이다.

왜일까? 살려고 기를 써서 도망치는 소심한 동물이 숨기는커녕 왜 '나 여기 있소!' 하고 온 세상에 외치는 걸까? 거기에는 분명히 이유가 있다. 뭔가 이득이 없다면 산토끼는 절대로 그런 행동을 하지 않는다.

답은 이렇다. 산토끼를 놀라게 한 동물이 같은 산토끼라면, 그러니까 놀랄 필요가 없는 경우에는 자신이 토끼라는 사실을 알려 주어 서로 착각하지 않도록 한다. 반대로 코요테나 여우나 개라면, 쫓아와 봤자 시간 낭비니까 일찌감치 포기하라고 미리 알려 준다. '쳇, 산토끼잖아. 이렇게 탁 트인 벌판에서는 도저히 산토끼를 잡을 수 없어.' 하고 생각하게끔 말이다. 이렇게 되면 산토끼는 괜히 마음 졸이며 달아나지 않아도 된다.

흰 바탕에 검은 점은 산토끼들의 제복이자 깃발이다. 못난 토끼의 털빛은 희미하지만, 훌륭한 토끼일수록 유난히 크고 선명한 반점을 갖고 있다. 워호스도 가만히 앉아 있을 때는 잿빛이지만, 여우나 황갈색 코요테를 만나면 눈처럼 하얀 바탕에 숯처럼 까만 점을 반짝이면서 힘 하나 안 들이고 춤추듯이 도망친다. 그러면 하얀 바탕에 까만 점이 있는 토끼가 점점 작아져서 흰색 점처럼 보이다가, 결국에는 엉겅퀴 갓털만 해져서 사라지는 것이다.

농가의 개들 대부분은 '잿빛 토끼는 잡을 수 있지만, 흰 바탕에 검은 점이 찍힌 토끼는 잡을 수 없다.'라는 교훈을 알고 있다. 어쩌다 쫓아가 보기도 하지만, 그저 장난일 뿐이다. 워호스는 힘이 점점 세지자, 짜릿한 맛이 좋아서 일부러 개들한테 쫓기기도 하고 능력 없는 토끼라면 애써 피할 위험한 일도 곧잘 했다.

다른 야생 동물들과 마찬가지로 워호스도 특정 지역이나 들판을 자기 영토로 삼고 그 밖으로는 좀처럼 나가지 않았다. 워호스의 영토는 마을 한복판에서 동쪽으로 약 5킬로미터 정도 뻗어 있었다.

워호스는 '보금자리'나 이른바 '잠자리'라 부르는 곳들을 군데군데 만들어 놓았다. 산토끼의 잠자리는 덤불이나 풀더미 아래 잘 보이지 않게 움푹하게 팬 구멍으로, 자연스레 돋아난 풀이나 바람에 날려 온 나뭇잎 말고는 아무것도 없지만 안락한 곳이었다.

더운 날에만 찾아가는 잠자리도 있었다. 입구가 북쪽으로 나 있고, 굴이라기보다는 그늘이 질 정도로 우묵하게 팬 땅이었다. 또 추운 날에 대비해 남쪽으로 난 깊숙한 굴을 마련해 놓았고, 비 오는 날에는 입구가 서쪽으로 나 있고 풀들이 지붕처럼 촘촘히 덮여 있는 굴에서 지냈다.

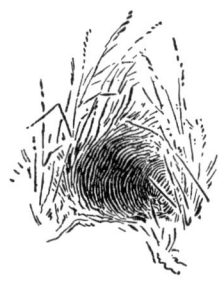

워호스는 낮에는 굴에서 지내다가, 밤이면 다른 토끼들과 들판에 나와 풀을 뜯고 달빛 아래서 강아지처럼 신나게 뛰어다녔다. 그러다 다시 날이 밝으면 날씨에 알맞은 잠자리를 골라 편히 쉬었다.

산토끼에게 가장 안전한 곳은 농장과 농장 사이였다. 농장의 경계를 나누는 오세이지오렌지 산울타리뿐만 아니라 새로 생긴 철조망이 쫓아오는 적을 막아 주고 위협했기 때문이다.

가장 맛있는 먹이가 있는 곳은 마을과 가까운 채소 농장이었지만 너무 위험했다. 초원에서 만날 수 있는 적들은 없었지만, 총을 가진 사람과 개, 구멍 하나 없는 울타리 같은 더 위험한 것들이 훨씬 많았기 때문이다.

하지만 워호스를 잘 아는 이들에게는 워호스가 채소 장수네 멜론밭 한복판에 집을 갖고 있다는 게 그리 놀라운 일이 아니었다. 농장은 위험하기는 해도 색다른 재미가 많았고, 구멍이 뚫린 울타리도 꽤 많아서 도망치기에 좋았다. 게다가 워호스는 적을 따돌리는 기발한 꾀를 적어도 수십 개는 알고 있었다.

3

뉴처슨은 전형적인 서부 읍이었는데, 마치 읍내를 온통 흉측하게 만드는 데만 갖은 노력을 기울여 더할 나위 없이 성공한 곳처럼 보였다. 돌부리 하나 없이 판판한 거리는 멋없이 쭉 뻗어 있었고, 집이라고는 죄다 얇은 판자와 타르를 바른 종이로 만든 천박한 건물 일색이었다. 사람들은 그 흉측한 모습을 솔직히 인정하지 않고 겉치레만 하려고 들었다. 이 층으로 보이려고 가짜 현관을 만든 집이 있는가 하면 가짜 벽돌로 지은 집, 대리석 신전을 흉내 내 지은 집도 있었다.

하지만 어느 것이든 사람이 사는 집 중에서 가장 꼴불견이라는 데에는 의문의 여지가 없었다. 사실 집주인들이야

1, 2년 살다 다른 곳으로 이사 가면 그만 아닌가. 의도하지는 않았지만 뉴처슨에서 딱 하나 아름다운 것이 있다면 길을 따라 길게 심어 놓은 가로수뿐이었다. 그마저도 나무줄기에 회칠을 하고 우듬지를 바싹 깎아 꼴사납게 만들어 놓았지만, 그래도 무럭무럭 자라는 살아 있는 나무들은 사랑스러워 보였다.

건물 중에서는 유일하게 곡물 창고가 그나마 보기가 나았다. 그리스 신전이나 스위스 별장인 척하지는 않았지만, 투박하고 튼튼하며 단아한 건물이었다. 읍내의 어디서든 길이 끝나는 곳에는 농가와 풍차 펌프, 오세이지오렌지 산울타리가 길게 뻗어 있는 초원 풍경이 펼쳐졌다. 그중 흥미로운 것이 있다면 높다랗게 우거진 튼튼한 청회색 산울타리였다. 산울타리에 주렁주렁 달린 오렌지처럼 생긴 금빛 열매는 먹을 만한 과일은 아니었지만, 이곳에서는 사막의 비보다 반가운 존재였다. 길고 튼튼한 가지에 매달린 동그랗고 예쁜 열매들이 연둣빛 나뭇잎과 어우러져 아름다운 빛깔을 자아내며 눈의 피로를 풀어 주기 때문이다.

그렇다 해도 이런 읍내는 되도록이면 빨리 떠나고 싶은 곳이다. 늦겨울에 이틀 동안 이곳에 머무른 한 나그네도 그렇게 생각했다. 나그네는 가 볼 만한 곳이 어디냐고 물어서, '저 아래 술집'에 있는 하얀 사향쥐 박제, 40년 전 인디언들한테 머리 껍질이 벗겨졌던 배키 불린 영감, 한때 킷 카슨이 사용했다는 담뱃대 따위를 구경했지만, 별 흥미가 일지는 않았다. 그래서 나그네는 눈 덮인 초원 쪽으로 돌아섰다.

수많은 개 발자국 사이에서 어떤 발자국이 눈길을 끌었다. 커다란 산토끼 발자국이었다. 나그네는 지나가던 사람에게 읍내에도 산토끼가 있냐고 물었다.

"아니, 없어요. 한 마리도 못 봤어요."

그 사람은 그렇게 대답했다. 방앗간 일꾼의 대답도 같았지만, 신문 꾸러미를 들고 있던 소년의 말은 달랐다.

"있어요. 틀림없어요. 저기 초원에 산토끼가 아주 많아요. 읍내에도 곧잘 들어오는걸요. 캘브 아저씨네 멜론밭 근처에 무지무지 큰 산토끼가 살아요. 얼마나 크다고요. 게다가 꼭 체스판처럼 하얀 바탕에 까만 점들이 꼭꼭 찍혀 있는걸요!"

그 말을 들은 나그네는 동쪽으로 발길을 재촉했다.

그 '무지무지 큰 산토끼'는 바로 리틀워호스였다. 워호스는 그 멜론밭에서 살지 않았다. 가끔 들를 뿐이었다. 그리고 지금 워호스는 거기에 없었다. 차고 습한 동풍이 불고 있어서, 서쪽으로 입구가 난 보금자리에서 지냈다. 그 보금자리는 매디슨 거리의 동쪽 정면에 있었기 때문에, 워호스는 나그네가 걸어오는 모습을 볼 수 있었다.

나그네가 길을 따라 걷는 동안에는 워호스도 가만히 있었다. 그런데 길이 북쪽으로 구부러지는데도 나그네는 길을 그냥 지나쳐서 똑바로 걸어왔다. 워호스는 골칫거리가 생겼음을 알았다. 나그네가 판판하게 다져진 길을 벗어나는 순간, 산토끼는 자기 집에서 펄쩍 뛰어나와 빙그르 돌더니 초원을 가로질러 동쪽으로 똑바로 달려갔다.

산토끼는 적을 피해 달아날 때면 보통 한 번에 2.5미터씩 뛴다. 그리고 대여섯 번에 한 번은 주위를 살피는데, 이때는 멀리 뛰는 게 아니라 높이 뛰어올라 풀밭이나 관목 숲 주위의 낌새를 살핀다.

어리고 멍청한 토끼는 네 번에 한 번씩 주위를 살피느라 시간을 낭비한다. 영리한 산토끼는 여덟아홉 번에 한 번씩 높이 뛰어올라 주위를 살핀다. 하지만 워호스는 빨리 달릴 때는 열두 번에 한 번씩 뛰어올라 필요한 정보를 수집하고,

한 번 뛸 때마다 3, 4미터가량 나아갔다.

워호스가 남긴 발자국에는 특이한 점이 또 하나 있었다. 솜꼬리토끼나 숲멧토끼는 눈밭을 뛸 때 꼬리가 엉덩이에 착 달라붙어서 눈에 닿지 않는다. 하지만 산토끼는 꼬리 끝을 구부리거나 곧게 펴서 아래쪽이나 뒤쪽으로 늘어뜨린 채 뛰어다닌다. 어떤 산토끼는 꼬리 끝을 아래로 곧게 뻗어서 발자국 뒤에 작은 꼬리 자국을 남기곤 한다. 까맣게 빛나는 워호스의 꼬리는 유난히 길어서 깡충깡충 뛸 때마다 눈 위에 긴 자국이 생기기 때문에 그 자국만 보고도 누구의 발자국인지 대번에 알 수 있었다.

망보기 뜀을 뛰는 워호스.

다른 토끼 같았다면 개도 없는데 그냥 사람만 보고 겁을 먹지는 않았을 것이다. 하지만 워호스는 예전에 총 때문에 된통 혼난 적이 있어서 나그네가 70미터 거리까지 다가오자 달아났다. 워호스는 몸을 숙이고서 남동쪽으로 달려가다가 다시 동쪽으로 이어지는 울타리로 갔다. 울타리를 지나자, 워호스는 땅을 스칠 듯 나는 매처럼 쌩하니 달려서 1.5킬로미터 떨어진 다른 잠자리에 도착했다. 그러고는 발꿈치를 들고 주위를 살핀 다음 숨을 돌렸다.

하지만 휴식은 오래가지 못했다. 20분 후, 바닥 가까이 대고 있던 커다란 확성기 같은 워호스의 귀에 규칙적인 소리가 들렸다. 저벅저벅 사람 발소리가 들리자 워호스는 발딱 일어났다. 손에 반짝이는 막대를 든 사람이 다가오고 있었다.

워호스는 울타리 쪽으로 달렸다. 그리고 철조망 울타리를 사이에 두고 '망보기 뜀'을 뛰었지만, 그렇게까지 조심할 필요는 없었다. 그 사람은 발자국을 따라가는 데 정신이 팔려 워호스의 그림자도 못 보았기 때문이다.

워호스는 다른 적들이 있나 살피며 몸을 낮추고 달려갔다. 워호스는 나그네가 자기 발자국을 쫓고 있다는 것을 알았다. 그래서 옛날 족제비들한테 시달린 이래 발달한 오랜 본능에 따라 자기 발자국을 되짚어 갔다. 즉 멀리 떨어진 울타리로 똑바로 뛰어가서, 울타리 반대편을 따라 50미터쯤 갔다가 자기가 왔던 길을 되밟아 온 다음, 전혀 다른 방향으로 뛰어가서 다른 보금자리로 간 것이다.

워호스는 밤새 돌아다녔기 때문에 쉬고 싶은 마음이 굴뚝같았다. 벌써 햇빛이 눈 위에서 눈부시게 빛나고 있었다. 하지만 쉬는 것도 잠시, 적의 발소리가 '쿵쿵' 울리는 바람에 다시 허겁지겁 도망쳤다.

워호스가 800미터쯤 도망치다가 약간 비탈진 곳에서 걸음을 멈추고 돌아보니, 나그네가 여전히 따라오고 있었다. 그래서 이번에는 이리저리 지그재그로 달리며 방향을 확 꺾는 수법을 썼다. 정신없이 이쪽저쪽 내달려서 추적자의 혼을 쏙 빼놓으려는 속셈이었다. 워호스는 가장 좋아하는 보금자리를 지나쳐 100미터쯤 달려갔다가 다시 그곳으로 돌아와, 이제는 적을 따돌렸다고 확신하고 숨을 돌렸다.

그런데 아까보다 느리긴 했지만 여전히 '쿵쿵' 하는 발소리가 들렸다.

워호스는 그대로 앉아 있었다. 나그네는 워호스 앞을 지나 발자국을 따라 100미터쯤 갔다. 그때 워호스는 뭔가 색다른 방법을 쓰지 않는 한, 이 추적자를 따돌릴 수 없다는 것을 깨닫고 굴을 살그머니 빠져나왔다. 워호스와 나그네는 넓은 원을 그리며 워호스의 영토를 돌아다녔다. 1.5킬로미터쯤 떨어진 곳에 검둥개가 사는 농가가 있었다. 때마침 거기에는 암탉이 드나들 수 있도록 구멍을 뚫어 놓은 근사한 판자 울타리가 있었다. 워호스에게는 흐뭇한 추억이 어려 있는 곳이다. 바로 그곳에서 적을 수없이 따돌렸고, 특히 그 그레이하운드의 코를 납작하게 해 주지 않았던가.

그 기억이 워호스를 움직인 것이 분명했다. 처음부터 적끼리 싸움을 붙이려고 계획을 세운 것은 아니었을 것이다. 워호스는 보란 듯이 눈밭을 가로질러 검둥개가 사는 농가 울타리로 깡충깡충 뛰어갔다.

암탉 구멍은 막혀 있었지만, 워호스는 조금도 당황하지 않고 다른 구멍을 찾아다녔다. 구멍은 찾지 못했지만, 마침 울타리 앞쪽 대문이 활짝 열려 있고 판자 위에서 커다란 개가 곤히 자고 있었다. 암탉들은 양지바른 뜰에 웅크리고 앉아 있었다. 워호스가 문가에서 걸음을 멈추었을 때, 고양이가 헛간에서 부엌으로 살금살금 지나갔다.

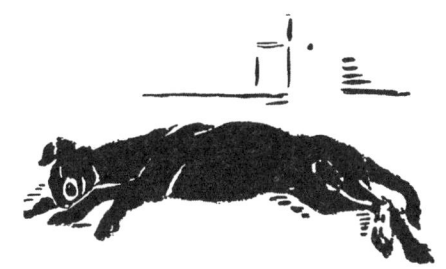

멀리서 검은 형체가 워호스를 쫓아 눈이 덮인 비탈진 초원을 내려오고 있었다. 워호스는 뜰 안으로 소리 없이 뛰어들었다. 깡충깡충 뛰어오는 산토끼를 보자, 다리 긴 수탉이 방정맞게 꼬꼬댁거리며 남의 일에 끼어들었다. 그러자 햇볕을 쬐며 누워 있던 개가 고개를 발딱 들고 일어났다. 워호스는 그야말로 위험에 빠졌다. 워호스는 잿빛 흙덩이마냥 웅크리고 앉았다. 아주 감쪽같긴 했지만, 고양이가 아니었다면 들켰을지도 모른다. 말하자면 고양이가 얼떨결에 워호스를 구해 준 셈이다.

검둥개는 워호스가 숨어 있는 줄 모르고 워호스 쪽으로 세 발짝 다가섰다. 뜰에서 도망칠 수 있는 유일한 길을 가로막으면서 말이다. 그때 고양이가 집 모퉁이를 돌아 창턱으로 뛰어오르다가 화분을 넘어뜨렸다. 그 실수 하나로 고양이와 개의 전쟁이 시작되었다. 고양이는 재빨리 헛간으로 달아났다. 개는 원래 적이 도망가면 당장 싸움에 나선다. 아니나 다를까, 개와 고양이는 워호스가 웅크리고 있는 곳에서 10미터도 안 되는 곳을 지나갔다. 둘이 멀리 사라지자마자 워호스는 휙 돌아섰다. 그러고는 고맙다는 인사 한마디 없이 대문을 뛰쳐나가 잘 다져진 길로 들어섰다.

고양이는 농가의 안주인이 구해 주었다. 개가 다시 판자 위에 드러누워 다리를 쭉 뻗고 있을 즈음 워호스를 뒤쫓던 나그네가 나타났다. 그는 총이 아니라 굵은 지팡이를 들고 있었는데, 지팡이는 곧 '개를 다스리는 약'이기도 했다. 개가 워호스의 적한테 덤비지 못한 것도 바로 지팡이 때문이었다.

산토끼 발자국은 그 집에서 끊긴 것 같았다. 계획적이었든 아니었든 그 꾀가 성공했고 워호스는 성가신 추적자를 따돌렸다.

이튿날 다시 워호스를 찾아 나선 나그네는 워호스를 보지는 못했지만 발자국은 발견했다. 꼬리 흔적이 있고 보폭이 넓으며 망보기 뜀 흔적이 아주 드물게 있는 것을 보니 워호스의 발자국이 틀림없었다. 한데 그 발자국 옆에 좀 더 작은 토끼의 발자국이 나 있었다. 싸운 흔적은 아니었고, 두 토끼가 그곳에서 만나 서로 장난을 치며 쫓아다닌 듯했다.

두 토끼는 함께 먹이를 먹었고, 햇볕을 쬐었고, 한가하게 걸어 다녔고, 다시 눈밭에서 장난을 쳤다. 둘은 언제나 함께였다. 그렇다면 결론은 하나였다. 지금은 토끼의 짝짓기 철이고, 그 발자국들은 산토끼 신혼 부부 리틀워호스와 그의 짝 것이었다.

4

그해 여름은 산토끼들에게 천국과도 같았다. 매와 올빼미를 잡은 사람에게 상금을 주는 어리석은 법이 만들어지는 바람에, 날개 달린 경찰관들이 떼죽음을 당했던 것이다. 그 결과 토끼들이 엄청나게 불어나 온 들판이 황폐해질 위험에 처했다.

그 법을 만든 사람들과 그 법 때문에 피해를 본 농부들은 대대적으로 토끼몰이를 하기로 했다. 온 마을 사람들이 약속한 날 아침에 북쪽에 있는 중심가에 모였다. 사람들은 바람을 안고 온 들판을 휩쓸고 지나가면서 토끼들을 촘촘한 철망으로 된 커다란 우리 안으로 몰아넣기로 했다.

개들은 토끼들을 보면 너무 흥분하기 때문에 데려오지 못하게 했고, 사람이 너무 많이 모이는 자리라 위험할 수 있기 때문에 총도 금지되었다. 그 대신 남자들은 모두 기다란 막대 두세 개와 돌이 가득 든 자루를 들고 왔다. 여자들은 사륜마차나 말을 타고 왔는데, 시끄러운 소리를 내는 딸랑이나 나팔, 깡통 같은 물건을 많이 가져왔다.

　사람들은 마차마다 낡은 깡통들을 줄로 매달고, 바퀴살에 잔가지를 묶었다. 그렇게 해서 귀가 먹먹해질 만큼 요란한 소음을 내며 토끼몰이를 하는 것이다. 토끼들은 놀라울 만큼 소리에 민감하기 때문에, 사람 귀에 거슬리는 소리라면 토끼들한테는 귀가 따갑도록 시끄럽게 들린다.

　화창한 아침 8시, 출발 명령이 떨어졌다. 토끼몰이 대열은 출발할 때 길이가 8킬로미터쯤 되었고 30미터나 40미터마다 남자가 한 명씩 있었다. 마차나 말을 탄 사람들은 어쩔 수 없이 길을 따라갔지만, 사실 모든 장애물을 헤치며 대열이 끊기지 않도록 조절하는 것은 몰이꾼들의 명예로운 임무였다.

　토끼몰이에 참가한 사람들은 'ㄷ' 자 모양을 이루며 앞으로 나아갔다. 남자들은 최대한 시끄러운 소리를 내고 나아가면서 덤불이란 덤불은 죄다 들쑤셨다. 수많은 토끼들이 덤불에서 튀어나왔다. 사람들의 행렬 쪽으로 도망친 토끼들은 그 즉시 빗발치는 돌멩이에 맞아 죽었다. 포위망을 뚫고 도망치는 토끼도 한두 마리 있었지만, 대부분은 몰이꾼들한테 목숨을 잃었다.

처음에는 토끼 수가 얼마 안 되는 것 같았는데, 5킬로미터쯤 몰아가자 앞쪽에서 토끼들이 사방으로 뛰어다니기 시작했다. 세 시간 동안 8킬로미터를 걸은 뒤, 양쪽에서 포위해 들어오라는 명령이 떨어졌다. 30, 40미터씩 떨어져 있던 남자들의 간격이 점점 줄어들어 3미터로 좁혀졌다. 마침내 모든 사람이 우리 앞으로 모여들고, 대열의 양 끝이 토끼들을 몰아넣기 위해 날개처럼 펼쳐진 기다란 울타리와 연결되면서 토끼들은 완전히 궁지에 몰렸다.

몰이꾼들은 빠르게 진군하기 시작했다. 수많은 토끼들이 몰이꾼들 근처로 뛰어갔다가 목숨을 잃었다. 죽은 토끼들이 여기저기 널려 있는데도 토끼 떼는 점점 불어나는 것 같았다. 토끼들을 우리에 몰아넣기 직전이 되자 사방 100미터도 못 되는 좁은 공간이 갈팡질팡, 펄쩍펄쩍 뛰어오르는 토끼들로 가득 찼다. 토끼들은 도망칠 기회를 엿보며 애가 타는 듯 이쪽저쪽 뛰어다니거나 빙글빙글 맴돌았다. 하지만 무자비한 사람들이 점점 촘촘하게 포위망을 좁혀 오자 토끼들은 별수 없이 울타리를 따라 비좁은 우리 안으로 폭포수처럼 쏟아져 들어갔다. 개중 어떤 놈은 어리석게도 우리 한복판에 웅크리고 앉고, 어떤 놈은 울타리 주위를 내달리고, 또 어떤 놈은 우리 구석이나 서로의 품속으로 숨어들었다.

그렇다면 리틀워호스는…… 이 아수라장에서 워호스는 어디에 있었을까? 워호스는 몰이꾼들한테 쫓겨 맨 먼저 우리 안으로 뛰어들었다. 사실 이 토끼 우리에는 흥미로운 계획이 마련되어 있었다. 우리는 토끼들한테 죽음의 덫이었지만, 가장 건강하고 뛰어난 토끼는 거기서 벗어날 수 있었다.

그곳에 있는 토끼들 가운데는 건강하지 못한 토끼들도 많았다. 야생 동물은 한결같이 순수하고 완벽할 거라고 생각하는 사람들이 우리에 갇힌 4천, 5천 마리 가운데 절름발이 토끼나 상처 입은 토끼, 병든 토끼가 얼마나 많았는지 직접 보았다면 충격을 받았을 것이다.

사람들은 고대 로마의 방식대로 토끼들을 선별했다. 어중이떠중이들은 죽이고 선택된 죄수들만 남겨 원형 경기장에 내보낼 것이다. 원형 경기장? 그렇다. 그것은 다름 아닌 토끼 사냥을 위한 경기장이었다.

거대한 덫, 그러니까 토끼들이 몰려 들어간 우리 안에는 울타리를 따라 토끼 한 마리가 들어갈 정도의 작은 상자 5백여 개가 줄줄이 놓여 있었다.

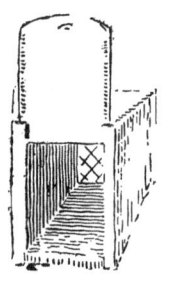

토끼몰이가 막바지에 이르자, 재빠른 산토끼들부터 울타리 안으로 들어가기 시작했다. 그중 발은 빠르지만 어리석은 토끼들은 우리 안에서 갈팡질팡하며 미친 듯이 뱅글뱅글 돌았다. 하지만 발도 빠르고 현명한 토끼들은 얼른 작은 상자 안에 숨었다. 이렇게 상자가 하나둘 채워져서 가장 빠르고 영리한 산토끼 5백 마리가 뽑혔다. 꼭 정확하다고 할 수는 없지만, 가장 간단하고 편리한 방법이었다. 이들 토끼는 그레이하운드한테 쫓겨 다닐 운명이었다. 그리고 밀물처럼 몰려들었던 4천 마리 이상의 산토끼들은 남김없이 몰살당했다.

눈빛이 초롱초롱한 산토끼들이 들어 있는 5백 개의 상자는 그날로 기차에 실렸다. 그중에는 리틀워호스도 있었다.

5

산토끼들은 원래 어떤 고난도 심각하게 받아들이지 않는다. 대학살도 끝난 뒤라 상자 속의 산토끼들은 별다른 두려움을 느끼지 않았다. 이윽고 대도시 근처에 있는 토끼 사냥 경기장에 이르자, 사람들은 아기 다루듯 조심조심 부드럽게 상자에서 산토끼들을 꺼냈다. 혹시라도 죄수가 잘못되면 로마의 간수들이 책임을 져야 했기 때문이다. 산토끼들은 맛있는 먹이가 많고 성가신 적들이 없는 넓은 우리 안에서 아무런 불만도 느끼지 못했다.

이튿날 아침부터 훈련이 시작되었다. 출입구 스무 개가 열리자 훨씬 더 넓은 곳이 나타났다. 바로 경기장이었다. 수많은 토끼들이 출입구로 몰려 나가자 경기장에서 일하는 청년들이 나타나 시끄럽게 소리치면서 좀 더 좁은 장소인 '피난처'로 토끼들을 몰아넣었다. 이렇게 며칠이 지나자 산토끼들은 안전한 곳을 찾고 싶으면 저절로 출입구 중 하나를 지나 피난처로 들어갔다.

이윽고 두 번째 훈련이 시작되었다. 모든 산토끼는 옆문으로 쫓겨 나와 기다란 통로를 따라서 경기장의 세 면을 돌아 통로 끝에 있는 또 다른 우리로 들어갔다. 여기가 출발점이었다. 원형 경기장, 그러니까 토끼 사냥 경기장으로 들어가는 문이 열리고 토끼들이 경기장에 들어서면 숨어 있던 청년들과 개들이 뛰쳐나와 탁 트인 경기장을 가로질러 토끼들을 쫓아갔다.

토끼들은 너나없이 깡충거리며 달아났다. 몇몇 어린 토끼들은 주위를 살피려고 습관적으로 폴짝폴짝 뛰어올랐다. 그런데 맨 앞쪽에서 아름다운 토끼 한 마리가 하얀 바탕에 까만 점이 있는 몸을 낮추고 미끄러지듯 달려갔다. 다리가 날씬하고 눈이 초롱초롱한 이 토끼는 우리에 갇혀 있을 때부터 눈에 확 띄었는데, 경기장에 나서자 힘 하나 안 들이고 성큼성큼 앞장서 달렸다. 이 토끼는 토끼들이 평범한 어중이떠중이 개들을 앞지르는 거리만큼이나 다른 토끼들을 앞질러 갔다.

"저것 봐, 꼭 작은 군마 같지 않냐?"

불량스러워 보이는 아일랜드 출신 일꾼 청년이 소리쳤다. 이렇게 해서 우리의 주인공은 작은 군마, 즉 '리틀워호스'라는 이름을 얻게 되었다. 경기장을 반쯤 달렸을 때 산토끼들은 피난처를 떠올렸다. 그리고 몰아치는 눈보라처럼 일제히 그 안으로 몰려들었다.

우리에서 쫓겨나면 곧장 피난처로 도망치는 것, 이것이 두 번째 훈련이었다. 일주일이 지나자 모든 토끼들이 그것을 익혔고, 이것으로 토끼들은 경기장에서 열리는 사냥 대회에 나갈 준비를 마쳤다.

리틀워호스는 개 주인과 경기장 단골들 사이에서 유명해졌다. 워호스의 털빛은 다른 토끼들과 금방 구별되었고, 토끼들 사이에서도 어느 정도 지도자로 인정받았다. 사람들은 경기 이야기를 하거나 내기를 걸 때면 개들과 함께 으레 워호스의 이름을 입에 올리곤 했다.

"디그넘이 이번 경기에 밍키를 내보낼까?"

"흥, 그럼 리틀워호스가 밍키와 그 짝의 코를 납작하게 눌러 버릴걸."

개 주인이 거칠게 내뱉었다.

"워호스가 특별 관람석을 지나기도 전에 우리 젠이 워호스를 잡는다에 3 대 1로 걸겠어."

그러자 미키가 말했다.

"그럼 나는 당신 개가 워호스를 못 잡는다에 몇 달러 걸죠. 거기다 어떤 개도 워호스를 잡지 못한다에 내 한 달 월급을 몽땅 걸겠어요."

사람들은 티격태격 입씨름을 하면서 내기를 걸었다. 하루하루 산토끼들을 풀어놓을 때마다 워호스가 훌륭한 달리기 선수라고 믿는 사람이 늘어났다. 사람들은 워호스라면 가장 뛰어난 그레이하운드들이 출발점에서 특별 관람석을 지나 피난처까지 내내 발바닥에 불이 나도록 토끼를 쫓아가는 진귀한 광경을 보게 해 줄 것이라고 믿었다.

6

대회 첫날 아침은 기분이 들뜰 만큼 화창했다. 특별 관람석은 도시 사람들로 가득 찼다. 눈앞에는 어디서나 흔히 볼 수 있는 경주 코스가 펼쳐져 있었다.

여기저기서 개 주인들이 그레이하운드를 한두 마리씩 끌고 나오는 모습이 보였다. 개들은 담요를 두르고 있었지만 탄탄한 다리와 뱀처럼 쭉 뻗은 몸, 파충류처럼 긴 주둥이가 달린 균형 잡힌 머리, 날카롭고 신경질적인 노란 눈동자는 뚜렷이 보였다. 그레이하운드는 자연의 힘과 인간의 창의력이 낳은 잡종으로, 살과 피로 만들어진 것 중에서 가장 훌륭한 달리기 선수였다.

주인들은 마치 보물단지를 지키듯, 아기를 보살피듯 개들에게 정성을 쏟았다. 낯선 음식에는 입도 못 대게 하고, 이상한 냄새를 맡거나 낯선 이가 접근하지도 못하게 막았다. 이 개들한테는 큰돈이 걸려 있었다. 감쪽같이 숨겨진 압정, 약을 넣은 고기, 그리고 교묘하게 합성된 냄새는 젊고 뛰어난 달리기 선수를 맥 빠진 굼벵이로 만들어 버린다는데, 만일 그런 일이 일어난다면 개 주인은 쫄딱 망하고 말 것이다.

한 경기에 그레이하운드가 두 마리씩 참가해서 겨루기 때문에, 개들은 둘씩 짝을 이룬다. 앞선 시합에서 이긴 개는 다시 다음 상대와 겨루게 된다. 경기 때마다 산토끼 한 마리를 출발점으로 내보낸다. 개를 출발시키는 사람은 경쟁

상대인 두 마리 개를 나란히 붙잡고 있다가, 산토끼가 한참 앞서 나가면 개들을 동시에 놓아준다.

경기장 안에서는 주홍빛 외투를 입은 심판이 훌륭한 말을 타고 기다리다 추격전을 따라간다. 산토끼는 지금까지 받았던 훈련을 잘 기억하고 있으므로 탁 트인 경기장을 날쌔게 달려서 피난처 쪽으로 간다. 특별 관람석에서는 이 광경이 한눈에 보인다.

개들은 산토끼를 쫓아간다. 앞선 개가 꽁무니를 바짝 쫓아오면 산토끼는 옆으로 살짝 피한다. 산토끼가 방향을 틀 때마다 뒤쫓던 개가 점수를 얻고 그 산토끼를 죽이면 확실하게 승자가 된다.

출발점에서 100미터도 못 가서 붙잡히는 산토끼도 더러 있었다. 실력 없는 산토끼들이다. 대부분은 특별 관람석 앞에서 죽었다. 그러나 아주 드물게는 800미터가 넘는 탁 트인 경기장을 너끈히 달리고, 요리조리 피하며 시간을 벌어서 피난처까지 무사히 도망치는 산토끼도 있었다.

어떤 경기든 다음 네 가지 중 하나의 상황이 된다. 첫째는 토끼가 경기장에 들어서자마자 죽는 경우, 둘째는 토끼가 재빨리 피난처로 도망치는 경우, 셋째는 뙤약볕 아래서 오랫동안 내달린 개들이 심장에 무리가 생겨 새로운 개들로 교체되는 경우이다. 넷째는 그레이하운드들이 지칠 때까지 교묘하게 피해 다녔지만 결국 토끼가 피난처로 들어가지 못하는 경우인데, 이때 토끼를 기다리고 있는 것은 장전된 산탄총*이다.

캐스케이도 토끼 사냥 대회는 캐스케이도 경마 대회만큼이나 속임수가 많고 속임수를 쓰려는 사람도 많았기 때문에 공정하게 개를 출발시킬 사람과 믿을 만한 심판이 필요했다.

대회 전날, 한 돈 많은 남자가 '우연히' 아일랜드 청년 미키를 만났다. 겉보기에는 남자가 미키에게 잎담배 한 대를 건네주는 것 같았지만, 미키는 담뱃불을 붙이기 전에 잎담배 겉에 말린 초록색 종이를 슬그머니 벗겨 냈다.

둘 사이에 이런 말이 오갔다.

"내일 당신이 개 풀어 주는 일을 맡고, 그때 디그넘의 밍

---

* 안에 작은 탄알이 많이 들어 있는 총알을 쏘아 탄알이 한꺼번에 터져 나오게 만든 총. 주로 새나 작은 짐승을 사냥할 때 쓴다.

키를 지치게 만들면 잎담배 하나를 더 주겠소."

"그야, 그 일이 나한테 떨어지기만 한다면야 밍키가 단 1점도 못 따게 만들 수 있죠. 그런데 그렇게 되면 밍키하고 같이 달리는 개도 똑같이 재수 옴 붙는 건데요."

돈 많은 남자는 귀가 솔깃해서 말했다.

"그렇소? 좋소. 그렇게 합시다. 그러면 잎담배 두 개를 주겠소."

개들을 출발시키는 슬라이먼은 항상 공정했으며 돈을 주겠다며 접근하는 이들을 비웃었다. 그것은 누구나 다 아는 사실이었다. 대부분은 슬라이먼을 믿었지만, 불만을 품은 사람도 있었다. 어느 날 금 장신구를 주렁주렁 단 한 남자가 대회 관리인을 찾아가 이런저런 근거를 대며 슬라이먼에게 중대한 혐의를 씌웠다. 이 사건 때문에 조사를 받느라 슬라이먼은 일을 할 수 없었고, 그동안 미키가 슬라이먼의 일을 맡았다.

미키는 가난했고 딱히 양심적이지도 않았다. 그런데 1분 만에 1년 치 월급을 벌 수 있는 기회를 얻었다. 그게 무슨 잘못이란 말인가. 개나 토끼한테 해코지하는 일도 아닌데.

산토끼는 어차피 다 거기서 거기다. 그건 누구나 다 아는 사실이다. 다만 어떤 산토끼를 골라서 내보내느냐라는 선택이 있을 뿐이다.

예선전이 끝났다. 그동안 산토끼 50마리가 도망치다가 죽었다. 미키는 일을 잘 해냈다. 언제나 두 마리 개를 동시에 풀어 주었던 것이다. 미키는 여전히 그 일을 맡고 있었다. 그리고 이제 본선이 남았다. 우승컵과 엄청난 돈이 걸린 본선이.

7

날씬하고 우아한 개들이 차례를 기다리고 있었다. 밍키와 그의 경쟁자가 제일 먼저 출전했다. 지금까지는 모든 것이 공정했으므로 이번에도 공정할 것이라고 믿는 것은 당연했다. 미키는 자기가 내보내고 싶은 산토끼를 내보낼 권리가 있었다.

미키가 동료에게 소리쳤다.

"3번!"

그러자 리틀워호스가 팔짝팔짝 뛰어나왔다. 흰 바탕에 검은 점이 박힌 큼직한 귀가 보였다. 워호스는 낮게 웅크린 채 한 번에 1.5미터씩 가볍게 뛰어갔다. 워호스는 놀라우리만치 높이 망보기 뜀을 뛰며, 평소와 달리 경기장에 모여 있는 관중을 두리번거리며 살폈다.

"흐르르르!"

미키가 소리치자, 동료가 막대기로 울타리를 탁탁탁 두들겼다. 그러자 워호스는 한 번에 2.5미터씩 뛰었다.

다시 "흐르르르!" 하는 소리가 나자 워호스는 한 번에 3미터씩 뜀박질을 했다. 워호스가 경기장으로 30미터쯤 나아가자 사냥개들이 풀려났다. 모든 것은 공정했다. 하지만 산토끼가 20미터쯤 앞서 나갔을 때 사냥개를 풀어 주어도 되었겠다고 생각하는 사람도 있었다.

다시 "흐르르르! 흐르르르!" 하는 소리에, 워호스는 망보기 뜀을 생략하고 한 번에 4미터씩 펄쩍펄쩍 뛰어갔다.

"흐르르르!"

멋진 개들이었다! 개들은 거침없이 달려 나갔다. 하지만 개들 앞에는 하얀 바닷새, 아니 날아가는 구름 같은 워호스가 있었다. 워호스는 벌써 특별 관람석 앞을 지나갔다. 그렇다면 개들은? 출발 때보다 워호스와 가까워졌을까? 천만에, 가까워지기는커녕 거리가 점점 벌어지고 있었다!

몇 마디 내뱉을 겨를도 없이 하얗고 까만 엉겅퀴 갓털 같은 것이 피난처 문 너머로 사라져 버렸다. 워호스는 피난처의 문이 고향의 울타리에 난 암탉 구멍과 똑 닮았다고 생각했다. 이윽고 관중은 리틀워호스에게 환호를 보냈고, 그레이하운드들은 떠들썩한 조롱을 받으며 우뚝 멈추어 섰다. 미키는 배를 잡고 웃어 댔다. 디그넘은 씩씩거리며 욕을 퍼부었다. 그리고 기자들은 펜이 날아갈 듯 기사를 써 내려갔다.

이튿날 모든 신문에 이런 기사가 났다.

"산토끼의 멋진 활약! 리틀워호스는 이름에 걸맞게 이번 대회에서 가장 유력한 우승 후보 개 두 마리를 보기 좋게 패배시켰다."

개 주인들 사이에서 격렬한 말다툼이 벌어졌다. 경기에 참가한 개들은 둘 다 점수를 따지 못했으므로 동점이었다. 그러니까 밍키와 그의 경쟁자는 다시 뛰어야 했다. 하지만 또다시 800미터나 뛰는 것은 너무 힘든 일이다. 결국 밍키와 그 경쟁자는 우승할 가망이 없었다.

이튿날에도 미키는 '우연히' 그 돈 많은 남자를 만났다.

"미키, 한 대 받게."

"아, 예. 고것 참, 맛이 좋더군요. 그런데 지난번에 두 대 주시겠다고 하셨는데요. 어이구, 고맙습니다, 선생님."

8

그때부터 워호스는 이 아일랜드 청년의 자랑거리가 되었다. 슬라이먼은 명예롭게 자기 직장으로 돌아왔고, 미키는 예전처럼 토끼를 내보내는 일을 했다. 하지만 그 덕분에 개들을 동정하던 마음이 토끼들한테, 아니 워호스한테 기울었다. 토끼몰이 때 잡혀 온 토끼 5백 마리 가운데 명성을 얻은 것은 워호스뿐이었다. 무사히 피난처로 도망쳐서 이튿날 경주에 참가한 토끼도 몇 마리 있었지만, 워호스처럼 한 번도 옆으로 피하지 않고 단숨에 경기장을 가로지른 토끼는 한 마리도 없었다.

대회는 일주일에 두 번씩 열렸다. 그리고 그때마다 40마리에서 50마리의 산토끼가 죽어 나갔다. 상자에 뛰어든 5백 마리의 대부분이 원형 경기장에서 희생된 것이다.

워호스는 대회가 열릴 때마다 출전했고, 그때마다 무사히 피난처로 돌아왔다. 미키는 자기가 좋아하는 토끼의 뛰어난 능력에 마음을 홀딱 빼앗겼다. 미키는 다리가 늘씬한 이 토끼를 깊이 사랑했고, 사람들이 보는 앞에서 워호스에게 망신당하는 것도 그레이하운드한테는 분에 넘치는 영광이라고 떠들어 댔다.

산토끼가 경주 코스를 일직선으로 단숨에 뛰어가는 경우

는 아주 드물었다. 그런데 워호스가 사냥개를 피해 방향을 꺾지 않고도 여섯 번이나 무사히 피난처로 도망치자, 신문들은 워호스를 주목했고 경기가 끝날 때마다 이런 기사를 실었다.

"오늘 또다시 리틀워호스가 성공을 거두었다. 노인들은 요즘 개들이 얼마나 약해 빠졌는지를 보여 주는 일이라며 한탄한다."

워호스가 여섯 번째 성공을 거두자, 산토끼 담당자들은 열광했고, 그들의 사령관이라고 할 수 있는 미키는 워호스를 더한층 떠받들었다.

"워호스는 자유로워질 권리가 있다고요. 모든 미국인들처럼 싸워서 자유를 얻었다고요."

미키는 대회 관리인의 애국심에 호소하려고 그렇게 덧붙였다. 산토끼들의 진짜 주인은 그 관리인이었다.

마침내 관리인이 승낙했다.

"알았네, 미키. 워호스가 열세 번째 경주에서도 살아남는다면 고향으로 돌려보내지."

"좋아요. 그런데 열 번으로 하면 안 될까요?"

"안 돼. 새로 올 개들 코를 납작하게 만들어 줘야지."

"그럼 열세 번만 이기면 워호스를 풀어 주는 겁니다. 약속했어요."

그즈음 많은 토끼들이 새로 도착했는데, 리틀워호스와 색깔이 아주 비슷한 놈이 하나 있었다. 그놈은 그다지 빠르지 않았는데, 미키는 자칫 워호스와 헷갈릴까 봐 걱정스러웠다. 그래서 안쪽에 쿠션을 댄 선박용 화물 상자로 워호스를 몰아넣어 붙잡은 다음, 검표원의 펀치로 워호스의 귀에 구멍을 뚫었다. 날카로운 펀치 날이 워호스의 얇은 귀에 또렷한 별 무늬를 만들자, 미키가 환호성을 질렀다.

"좋아, 네가 경주에서 살아남을 때마다 표시를 해 줄게."
그러고는 별 여섯 개를 한 줄로 나란히 뚫었다.

"야, 워호스, 우리 나라가 독립했을 때 별이 열세 개 박힌 자유의 깃발을 내걸었듯이, 너도 별 열세 개만 달면 자유의 몸이 될 수 있어."

워호스는 일주일도 못 되어 새로 온 그레이하운드들을 차례로 무너뜨렸고, 미키는 워호스의 오른쪽 귀에 별을 다 채우고 왼쪽 귀를 뚫기 시작했다.

다시 일주일이 지났다. 그동안 워호스는 열세 번의 경주를 모두 마치고 왼쪽 귀에 여섯 개, 오른쪽 귀에 일곱 개의 별 표시를 얻었다. 신문들은 새로운 기사를 써 댔다.

미키는 뛸 듯이 기뻐했다.

"야호! 워호스, 넌 자유를 얻었어! 13은 행운의 숫자야. 한 번도 틀린 적이 없다니까."

9

관리인이 말했다.

"그래, 그 약속 알아. 하지만 워호스를 딱 한 번만 더 뛰게 하자고. 새로 온 개와 워호스를 놓고 내기를 걸었단 말이야. 다치진 않을 거야. 워호스는 할 수 있어. 아, 그래그래. 이봐 미키, 주제넘게 나서지 마. 오늘 오후에 딱 한 번만 더 뛰는 거야. 개들은 하루에 두세 번씩 뛴다고. 워호스는 그러지 말란 법 있나?"

"개들은 목숨을 거는 게 아니잖아요?"

"잔소리 말고 어서 나가게."

토끼 우리에는 새로 온 토끼들이 많았다. 큰 놈도 있고 작은 놈도 있고, 순한 놈도 싸움꾼도 있었다. 그런데 그날 아침, 워호스가 피난처로 잽싸게 들어왔을 때 덩치 크고 사나운 수토끼 한 마리가 그 틈을 노려 워호스를 공격했다.

여느 때 같았으면 워호스는 예전에 고양이한테 그랬던 것처럼 녀석의 머리통을 세게 걷어차서 단숨에 상황을 정리했을 것이다. 하지만 이번 싸움은 몇 분 동안 이어졌고, 워호스도 부상을 입었다. 오후가 되어 경기에 나가야 했을 때 워호스는 몸에 한두 군데 멍이 들어 있었고, 상처 때문에 몸이 뻣뻣했다. 심한 부상은 아니었지만, 평소만큼 속력을 낼 수는 없었다.

처음 출발할 때는 예전과 다름없었다. 워호스는 몸을 낮추고 가볍게 뛰어갔다. 쫑긋 세운 귀에 뚫린 열세 개의 별 사이로 바람이 휙휙 지나갔다.

밍키는 새로운 경쟁자 팽고와 함께 열심히 토끼를 쫓아갔다. 미키와 동료들은 깜짝 놀랐다. 개들이 워호스와 거리를 점점 좁히는 게 아닌가. 워호스는 점점 쫓기기 시작하더니 특별 관람석 바로 앞에서 밍키한테 쫓겨 방향을 꺾었다. 개 주인들이 환호성을 터뜨렸다. 그 유명한 워호스가 드디어 궁지에 몰렸기 때문이다.

50미터도 못 가서 이번에는 팽고가 워호스의 방향을 틀어놓으면서 점수를 땄다. 워호스는 출발점으로 돌아왔다. 거기에는 슬라이먼과 미키가 서 있었다. 워호스가 옆으로 싹 피하자, 그레이하운드들이 달려들었다. 워호스는 도망칠 데가 없었다. 금방이라도 잡힐 것 같은 순간, 워호스는 미키 쪽으로 뛰어가 미키의 품 안으로 와락 뛰어들었다. 미키는 워호스를 안고 사납게 달려드는 개들을 쫓으려고 열심히 발길질을 해 댔다.

워호스는 미키가 자기편인 줄 아는 것 같지는 않았다. 다만 적을 피해 도망칠 때, 이 편도 저 편도 아니거나 친구일 가능성이 있는 쪽으로 피신하는 오랜 본능에 따랐을 뿐이었다. 그리고 운이었지만 워호스의 선택은 현명했다.

미키가 워호스를 품에 안고 서둘러 돌아오자, 관중은 환호를 보냈다. 하지만 개 주인들은 "이건 불공평해. 우리 개들이 녀석의 숨통을 막 끊으려던 참이었단 말이오." 하며 관리인에게 항의했다. 관리인은 워호스가 팽고를 따돌린다는 데 돈을 걸었다. 그래서 쓰린 속을 부여잡고 경기를 다시 하라는 지시를 내렸다.

  워호스를 위해 미키가 얻어 낸 것은 고작 한 시간의 휴식이었다. 한 시간 뒤 워호스는 달려 나갔고, 밍키와 팽고가 뒤를 쫓았다. 워호스는 아까보다 몸이 덜 뻣뻣한 것 같았고, 달리기도 한결 나았다. 하지만 특별 관람석을 조금 지났을 때 팽고한테 쫓겨 방향을 틀었고, 다음에는 밍키한테 쫓겨 방향을 틀었다. 그러고는 뒤로 물러났다가 경기장을 가로질렀다가, 이쪽저쪽으로 미친 듯이 뛰면서 가까스로 적을 피했다. 그렇게 몇 분이 지났다.

  미키는 워호스의 귀가 점점 뒤로 처지는 것을 보았다. 팽고가 워호스를 덮쳤다. 워호스는 팽고의 다리 사이로 빠져나가 가까스로 위기를 넘겼지만, 다시 밍키와 마주쳤다. 이제 워호스의 두 귀는 등에 아주 붙어 버렸다.

  하지만 개들도 힘들기는 마찬가지였다. 개들은 혀를 쑥 빼물고 있었다. 거칠게 넘내리는 옆구리와 턱에는 거품 같은 침이 묻어 있었다. 그러자 워호스의 귀가 다시 쫑긋해졌다. 개들이 지친 것을 알고 용기가 되살아난 듯이. 워호스는 피난처를 향해 직선으로 달려갔다. 하지만 직선으로 달리는 것은 개들도 할 수 있는 일이었다. 워호스는 100미터도 못 가서 다시 방향을 꺾었고, 필사적인 지그재그 게임이 다시 시작되었다.

개 주인들은 개의 몸에 무리가 온 것을 깨닫고 힘이 펄펄 넘치는 그레이하운드 두 마리를 새로 내보내기로 했다. 이번에야말로 경기가 끝나리라 확신하면서. 하지만 경기는 끝나지 않았다.

밍키와 팽고는 숨을 헉헉대며 떨어져 나갔지만, 새로 들어온 두 마리 개는 워호스와 점점 거리를 좁혀 갔다. 워호스가 남은 힘을 쥐어짜 미키와 팽고를 멀찌감치 떼어 놓고 피난처 가까이 이르렀을 때, 두 번째 사냥개들이 달려와 덮쳤다.

이제 살길은 방향을 꺾어 피하는 것뿐이다. 워호스의 귀는 축 처져 있었고 가슴은 당장에라도 터질 듯 쿵쾅거렸지만, 강한 정신력만은 여전했다. 워호스는 정신없이 지그재그로 달렸다. 그러자 사냥개들은 서로에게 걸려 넘어졌다. 워호스를 잡았다고 생각한 적이 한두 번이 아니었다. 한 마리가 워호스의 까만 꼬리 끝을 덥석 물었지만 워호스는 용케 달아났다. 그러나 운 나쁘게도 워호스는 피난처로 도망치지 못했다. 특별 관람석 쪽으로 몰린 것이다. 거기에서는 수많은 부인들이 경기를 지켜보고 있었다. 경기 시간이 끝나 가고 있었다. 두 번째로 나온 개들마저 힘에 부쳐 헉헉댈 때, 미키가 미치광이처럼 소리를 지르고 욕을 해 대며 달려 나왔다.

두 번째 개들도 힘에 부쳐 헉헉거렸다.

"이 막돼먹은 깡패 놈들! 비겁한 겁쟁이들아!"

미키는 개들을 때리려고 미친 듯이 달려들었다.

경찰들이 고함을 지르며 달려왔고, 증오와 반항에 찬 목소리로 꽥꽥거리던 미키는 경기장에서 질질 끌려 나가면서도 개고 사람이고 가리지 않고 입에서 나오는 대로 온갖 지독한 욕설을 퍼부었다.

"공정한 경기 좋아하네! 너희들이 말하는 공정한 경기가 이런 거냐? 이 거짓말쟁이, 더러운 사기꾼, 치사한 겁쟁이들아!"

사람들은 미키를 원형 경기장 밖으로 쫓아냈다. 미키가 마지막으로 본 것은 거품을 문 개 네 마리가 기진맥진한 워호스를 힘없이 쫓아가는 광경과 말을 탄 심판이 총을 든 사람에게 손짓하는 모습이었다.

미키 등 뒤에서 문이 닫히고, '탕!' 소리가 들렸다. 평소와 달리 그 소리에는 개들의 울부짖음이 섞여 있었다. 총소리가 났다는 것은 리틀워호스가 네 번째 방법으로 목숨을 잃었다는 뜻이었다.

미키는 언제나 개를 사랑했다. 하지만 아까처럼 공정하지 못한 경기를 보자 화가 치밀었다. 미키는 경기장 안으로 들어갈 수 없었고 경기장을 들여다볼 수도 없었다. 그래서 피난처로 갔다. 거기라면 경기장이 보일지도 몰랐다. 다행히 미키는 늦지 않았다. 때마침 귀가 반쯤 꺾인 리틀워호스가 피난처로 절룩거리며 들어온 것이다. 미키는 대번에 상황을 파악했다. 좀 전의 총소리에 희생당한 것은 워호스가 아니라 엉뚱하게도 그레이하운드였던 것이다. 관람석의 구경꾼들은 두 남자가 총에 맞은 그레이하운드를 실어 나르는 광경을 지켜보았고, 수의사는 땅바닥에서 헐떡대는 다른 개를 돌보고 있었다.

그사이 미키는 주위를 둘러보다가 작은 선박용 화물 상자를 발견했다. 미키는 상자를 피난처 구석에 놓고는 지친 산토끼를 조심스레 몰아넣고 뚜껑을 닫았다. 그러고는 상자를 겨드랑이에 끼고서 소란을 틈타 아무한테도 들키지 않고 경기장 울타리를 넘어 사라졌다.

'아무러면 어때. 어쨌거나 워호스는 해고된 처지니까.'

미키는 도시를 뒤로하고 터벅터벅 걸어갔다. 그리고 가장 가까운 역에서 기차를 타고 몇 시간을 달린 끝에 토끼들이 사는 시골에 도착했다. 해가 떨어진 지 이미 오래였다. 들판 위로 별빛이 초롱초롱한 밤하늘이 펼쳐졌다. 미키는

농가와 오세이지오렌지 산울타리와 자주개자리밭이 있는 곳에서 상자를 열고 워호스를 살그머니 꺼냈다.

미키는 씨익 웃으며 말했다.

"아일랜드에서 온 내가 다시 한 번 별 열세 개가 박힌 자유의 깃발을 나부끼게 되어 자랑스럽다."

리틀워호스는 믿기지 않는다는 듯이 한동안 멍하니 주위를 둘러보다가 서너 차례 깡충깡충 뛰더니, 자기가 있는 곳을 확인하려고 망보기 뜀을 뛰었다. 마침내 워호스는 하얀 바탕에 까만 점들을 온전히 드러내고 영광의 흔적이 남아 있는 귀를 쫑긋 세우고서 힘겹게 얻은 자유의 품속으로 뛰어들었다. 그러고는 옛날처럼 힘차게 고향 들판의 어둠 속으로 사라졌다.

그 뒤로 캐스케이도 사람들은 워호스를 자주 목격했다. 토끼몰이는 여전히 계속되었지만, 워호스는 이제 토끼몰이를 피하는 방법을 터득했는지 수많은 토끼들이 갇힌 우리에서 별들이 반짝이는 귀를 가진 산토끼는 끝내 찾아볼 수 없었다.

SILVERSPOT
The story of a crow
지혜로운 까마귀 실버스팟

1

 우리 중 야생 동물을 제대로 아는 사람은 과연 몇 명이나 될까? 단지 야생 동물을 한두 번 만났거나 우리에 가두어 놓고 키우는 사람이 아니라, 야생에서 사는 동물을 오랫동안 알고 지내면서 그 동물의 생활과 과거까지 꿰뚫는 사람 말이다.

 그런 경우 골치 아픈 문제는 같은 종의 여러 동물들 틈에서 특정한 한 마리를 구별해 내는 일이다. 생김새가 비슷비슷하기 때문에, 이번에 만난 여우나 까마귀가 전에 만났던 그 여우이고 그 까마귀인지 확신할 수가 없다.

 하지만 이따금 다른 동료들보다 힘이 세거나 현명해서 위대한 지도자가 되는 동물이 나타나기도 한다. 사람으로 치자면 천재라고나 할까. 또 유난히 몸집이 크거나 알아보기 쉬운 특징을 지닌 동물도 금세 그 지역에서 유명해진다. 이런 동물은 때로는 한 야생 동물의 삶이 인간의 삶보다 훨씬 흥미진진할 수 있음을 보여 준다.

그런 동물은 종종 있었다. 예를 들면 14세기 초 10년 동안이나 온 파리 시민을 공포에 몰아넣었던 '쿠르토'라는 꼬리 잘린 늑대가 있다. 또 '곤봉 다리'라는 이름의 절름발이 회색 곰도 있었는데, 그 곰은 단 2년 사이에 돼지치기들을 모조리 알거지로 만들고 새크라멘토 골짜기 상류에 사는 농부들 절반을 파산시켰다. 뉴멕시코주의 늑대 왕 로보는 5년 동안 날마다 암소를 한 마리씩 죽였고, 쇠네 표범은 채 2년도 안 되는 기간에 3백 명에 가까운 사람을 죽였다. 그리고 실버스팟이라는 동물도 있다. 지금부터 실버스팟의 삶을 내가 아는 대로 간단하게 들려주겠다.

실버스팟은 현명한 늙은 까마귀였다. 이 까마귀는 오른쪽 눈과 부리 사이에 은화같이 하얀 점이 있다고 해서 이런 이름을 얻었다. 이 특별난 점 덕분에 나는 다른 까마귀들 틈에서도 실버스팟을 알아볼 수 있었고, 내가 알게 된 실버스팟의 삶을 엮어서 이 글을 쓰게 된 것이다.

여러분도 알다시피 까마귀들은 매우 똑똑하다. '늙은 까마귀처럼 지혜롭다.'라는 말이 괜히 생긴 게 아니다. 까마귀들은 조직의 소중함을 알고 있으며 병사들처럼 훈련이 잘되어 있다. 사실 까마귀들은 웬만한 군대보다 훨씬 낫다.

항상 군대 생활을 하면서 전쟁을 치르고 생명과 안전을 위해 서로 의지하기 때문이다. 까마귀 지도자는 무리 중 나이가 가장 많고 현명할 뿐 아니라 힘도 가장 세고 용감하다. 거만한 까마귀나 지도자 자리를 노리는 까마귀를 언제든지 힘으로 누를 수 있어야 하기 때문이다. 어리거나 특별한 재능이 없는 까마귀들은 병사가 된다.

실버스팟은 토론토 북동쪽 끝 캐슬프랭크라는 소나무 언덕에 사는 큰 까마귀 무리의 지도자였다. 이 까마귀 떼는 2백 마리쯤 되었는데, 이상하게도 수가 더 늘지는 않았다. 까마귀들은 겨울이 따뜻하면 나이아가라강 근처에서 지냈고, 추우면 훨씬 더 남쪽으로 내려갔다.

해마다 2월 마지막 주가 되면, 실버스팟은 어김없이 무리를 모아 토론토와 나이아가라강 사이에 펼쳐진, 폭이 64킬로미터나 되는 드넓은 호수를 용감하게 건너갔다. 똑바로 건너는 것이 아니라 낯익은 던다스산을 길잡이 삼아 서쪽으로 빙 돌아서 소나무 언덕으로 왔다.

실버스팟은 무리를 이끌고 이 언덕에 머물며 6주에 걸쳐 보금자리를 만들었다. 그런 다음 까마귀들은 매일 아침 세 무리로 나뉘어 먹이를 구하러 갔다. 한 무리는 남동쪽의 애시브리지만으로 날아갔고, 또 한 무리는 북쪽에 있는 돈밸리 골짜기로, 가장 큰 무리는 북서쪽 골짜기로 올라갔다.

실버스팟.

  가장 큰 무리는 실버스팟이 직접 거느렸다. 다른 두 무리는 누가 거느리는지 알아내지 못했다.
  바람이 잔잔한 아침이면 까마귀들은 하늘 높이 올라가 똑바로 날았다. 하지만 바람이 부는 날에는 골짜기를 따라 낮게 날면서 쉴 곳을 찾았다. 그 골짜기는 우리 집에서도 내려다보였는데, 1885년에 나는 처음으로 이 늙은 까마귀를 보았다. 내가 막 이사 갔을 때, 그 동네에 오래 산 한 이웃이 "20년이 넘도록 이 골짜기를 날아다니는 늙은 까마귀가 있다."라고 알려 주었다.
  나는 그 골짜기에서 실버스팟을 관찰할 기회가 있었다. 실버스팟은 자기가 다니는 길에 주택이 들어서고 다리가 놓여도 끈질기게 같은 길만 고집했기 때문에 자주 볼 수 있었다.
  실버스팟은 3월과 4월 초, 그리고 늦여름과 가을이면 날마다 두 번씩 그 동네를 지나다녔다. 내가 자주 실버스팟의 행동을 관찰하고 까마귀 떼에게 명령을 내리는 소리를 들을 수 있었던 것도 이때였다. 그 뒤 나는 까마귀들이 몸집은 작지만 매우 현명한 동물이며 여러 가지 면에서 놀라우리만치 인간과 닮았을 뿐 아니라, 어떤 면에서는 인간보다 더 나은 사회 조직과 언어를 가졌다는 사실을 조금씩 깨닫게 되었다.

바람이 제법 불던 어느 날, 내가 골짜기를 가로지르는 높은 다리 위에 서 있을 때 늙은 까마귀가 기다랗게 흩어져 날아가는 무리를 이끌고 보금자리 쪽으로 내려갔다. 800미터쯤 떨어진 곳에서 인간의 말로 치면 "모두들 수고했다. 어서 가자!" 하고 만족스럽게 외치는 소리가 들렸다. 무리 뒤쪽에 있던 분대장이 그 소리를 그대로 따라 했다.

악보 1

까악 　　　　　까악

까마귀들은 바람을 피해 아주 낮게 날다가, 내가 서 있던 다리가 나타나자 좀 더 높이 날았다. 실버스팟은 다리에 있는 나를 발견했고 자기를 가까이서 지켜보는 것이 꺼림칙

했던지 날갯짓을 멈추고 "조심해!" 하고 소리치고는 높이 날아올랐다.

악보 2

까악

그러다가 내가 무기를 갖고 있지 않다는 것을 알고는 내 머리 위 6미터쯤 되는 곳을 날았다. 그러자 다른 까마귀들도 따라 내려와 아까와 같은 높이로 날며 다리를 지나갔다.

이튿날 나는 같은 장소에 있다가 까마귀들이 다가왔을 때 지팡이를 번쩍 쳐들었다. 그러자 그 늙은 까마귀는 당장에 "위험하다!"라고 외치고는, 15미터나 더 높이 올라갔다.

악보 3

깍

실버스팟은 지팡이가 총이 아닌 것을 깨닫자, 용기를 내어 내 머리 위로 날아갔다. 하지만 셋째 날 내가 총을 들고 나가자 실버스팟은 당장에 "아주 위험하다. 총이다!" 하고 소리쳤다.

악보 4

까 까 까 까   까악

분대장이 실버스팟의 신호를 되풀이하자, 까마귀들은 순식간에 뿔뿔이 흩어져 총알이 닿지 않는 곳까지 솟구쳐 올라갔다. 그리고 멀리 안전한 곳에 이르렀을 때 다시 골짜기의 쉼터로 내려갔다.

언젠가 까마귀들이 대열을 흐트러뜨린 채 길게 줄지어 골짜기를 내려왔을 때였다. 붉은꼬리말똥가리가 까마귀들이 다니는 길에서 가까운 나무에 낮아 있었다. 우두머리가 "말똥가리다, 말똥가리다!" 하고 소리치며 날았다.

악보 5

까악   까악

그러자 모든 까마귀가 우두머리를 중심으로 모여들어 거대한 새 모양을 이루었다. 그러고는 더 이상 말똥가리를 두

려워하지 않고 지나갔다. 하지만 400미터쯤 더 가서 총을 든 남자가 나타나자, "비상, 비상! 총이다, 총. 죽기 싫거든 흩어져라!" 하는 외침에 까마귀들은 순식간에 뿔뿔이 흩어져 총알이 닿지 않는 곳까지 높이 올라갔다. 까마귀들을 오랫동안 관찰한 결과 나는 이 밖에도 많은 명령어가 있다는 사실을 알게 되었고, 때로는 아주 작은 차이가 전혀 다른 뜻을 만들어 낸다는 것도 발견했다.

악보 6

까 까 까 까   까악

예를 들어 말똥가리처럼 크고 위험한 새가 있다는 뜻인 '악보 5'와 도망치라는 뜻인 '악보 4'가 합쳐지면 '악보 7'인 '방향을 돌려라.'라는 뜻이 되었다.

악보 7

까악   까악   까 까 까 까

반면 '악보 8'은 그저 멀리 있는 동료에게 '안녕' 하고 인사하는 소리이다.

악보 8

까악   까악

또 '악보 9'는 주로 일반 까마귀들한테 '주목하라'는 뜻으로 쓰인다.

악보 9

4월 초가 되자 까마귀들 사이에 뭔가 심상치 않은 일이 벌어졌다. 까마귀들이 온통 새로운 흥분에 휩싸여 있는 것 같았다. 동틀 녘부터 해 질 녘까지 먹이를 찾으러 다니는 대신 소나무 숲에서 한나절을 보냈다. 둘 또는 셋이 서로를 쫓아다니기도 하고 갖가지 비행 묘기를 뽐내기도 했다.

까마귀들이 좋아하는 한 가지 묘기는, 까마득히 높은 곳에서 아래쪽에 앉아 있는 까마귀를 향해 쏜살같이 곤두박질치다가 그 까마귀와 부딪치기 직전에 아슬아슬하게 몸을 돌려 다시 날아오르는 것이었다. 그 움직임이 얼마나 날쌘지 날갯짓 소리가 마치 멀리서 들리는 천둥소리 같았다.

이따금 까마귀 한 마리가 머리를 숙인 채 깃털 하나하나를 빳빳이 세우고서 다른 까마귀한테 다가가 목을 울리며 이렇게 긴 노래를 부른다.

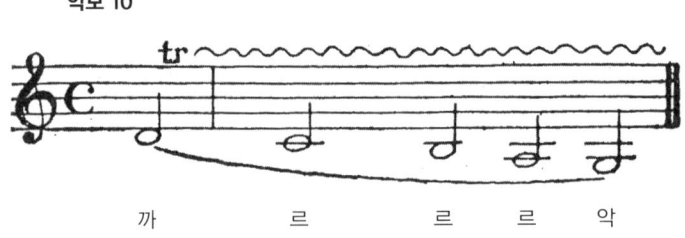

이 모든 것은 무엇을 의미할까? 나는 금세 눈치챘다. 까마귀들이 사랑을 나누고 짝짓기를 하고 있었던 것이다. 수컷들은 암컷들 앞에서 날개의 힘과 목소리를 뽐냈다.

다들 암컷한테 좋은 점수를 받은 모양이었다. 4월 중순이 되자 저마다 짝을 찾아 온 들판에 흩어져 신혼의 단꿈을 즐기느라 캐슬프랭크의 어두침침한 소나무 숲은 고즈넉이 비어 있었다.

2

슈거로프 언덕은 돈밸리 골짜기에 홀로 우뚝 서 있다. 이 언덕부터 400미터쯤 떨어진 곳에 있는 캐슬프랭크 언덕까지는 숲으로 뒤덮여 있다. 이 숲에는 예전에 매가 꼭대기에 둥지를 지었던 소나무가 한 그루 있다.

토론토의 남학생들은 누구나 그 둥지를 알고 있었다. 그리고 딱 한 번 둥지 언저리에 있던 까만 청설모를 쏘았던 나 말고는 거기에 동물이 사는 것을 본 사람은 아무도 없었다. 한 해 두 해가 지나면서 둥지는 점점 낡고 삭아서 너덜거렸다. 하지만 이상하게도 다른 낡은 둥지처럼 바닥으로 아주 떨어지지는 않았다.

5월 어느 날, 나는 어슴푸레한 새벽녘에 집을 나와서 조용히 숲속으로 들어갔다. 낙엽이 축축이 젖어 있어서 바스락거리는 소리도 나지 않았다. 나는 우연히 그 오래된 둥지 아래를 지나다가 둥지 밖으로 까만 꼬리가 삐죽 튀어나와 있는 것을 보고 깜짝 놀랐다. 내가 나무를 힘껏 쳤더니 까마귀 한 마리가 날아올랐고, 이것으로 그 둥지의 비밀이 밝혀졌다. 그러잖아도 오래전

부터 까마귀 한 쌍이 해마다 소나무 숲 근처에 둥지를 트는가 보다 했는데, 알고 보니 실버스팟과 그의 짝이었던 것이다. 영리하게도 그들은 낡은 둥지에 살림을 차리고 해마다 봄 청소를 하면서도 조금도 티를 내지 않았다. 까마귀를 잡으려고 안달하는 남자들과 사내아이들이 날마다 총을 들고 둥지 밑을 지나다니는 곳에서 그토록 오래 보금자리를 꾸미고 살았던 것이다. 그 뒤로 나는 실버스팟을 망원경으로 몇 번 관찰만 하고 다시는 놀라게 하지 않았다.

어느 날 나는 망원경을 들었다가 까마귀 한 마리가 하얀 물체를 물고 돈밸리 골짜기를 지나가는 것을 보았다. 까마귀는 로즈데일 개울 어귀로 날아갔다가 다시 가까운 비버 엘름으로 날아갔다. 거기서 까마귀는 하얀 물체를 떨어뜨리고 주위를 둘러보았다. 나는 그 까마귀가 내 오랜 친구 실버스팟이라는 것을 알았다.

잠시 후 실버스팟은 그 하얀 물체, 그러니까 조개껍데기를 물고 종종걸음으로 샘을 지나쳐 가더니, 수영과 앉은부채 틈에서 조개껍데기를 비롯해 하얗게 빛나는 갖가지 물건들을 한 무더기 파냈다. 실버스팟은 그것들을 햇살 속에 늘어놓고 뒤집어 보기도 하고, 부리로 하나씩 들어 올렸다가 떨어뜨려 보기도 하고, 알인 양 품어 보기도 하고, 가지고 놀기도 하고, 구두쇠가 돈을 바라보듯이 흐뭇하게 바라

실버스팟이 애지중지하는 보물, 찻잔 손잡이.

보기도 했다. 그것은 실버스팟의 취미이자 즐거움이었다.

우표를 모으는 소년이나 루비보다 진주를 더 좋아하는 소녀가 그 까닭을 설명할 수 없듯이, 실버스팟도 왜 자신이 빛나는 하얀 물건을 좋아하는지 몰랐지만 어쨌든 거기서 기쁨을 느끼는 것은 사실이었다. 실버스팟은 30분쯤 뒤에 새로 가져온 조개껍데기를 비롯해 수집품들을 모두 흙과 나뭇잎으로 덮어 놓고는 날아갔다.

나는 당장 그리로 가서 무엇이 감추어져 있는지 살펴보았다. 실버스팟의 보물은 모자 하나를 가득 메울 정도의 양이었다. 하얀 조약돌과 조개껍데기가 대부분이었지만 양철 조각도 더러 눈에 띄었다. 사기 찻잔 손잡이도 있었는데, 아마도 수집품 가운데 가장 애지중지하는 보물이었을 것이다.

하지만 나는 두 번 다시 실버스팟의 수집품을 볼 수 없었다. 내가 자기 보물을 찾아낸 것을 눈치채고 실버스팟이 그것들을 내가 절대로 찾아낼 수 없는 곳으로 재빨리 옮겨 버렸기 때문이다.

내가 자세히 관찰하는 동안 실버스팟은 사소한 모험과 수난을 여러 번 겪었다. 한번은 새매한테 호되게 당했고, 이따금 딱새한테 쫓기고 시달리기도 했다. 이런 새들은 실버스팟에게 큰 피해를 주지는 않았지만, 시끄러운 골칫거리여서 되도록이면 빨리 피하는 게 상책이었다. 남자 어른들이 성가시고 버릇없는 어린 사내아이와 싸우지 않으려는 것처럼 말이다.

실버스팟은 무자비한 방법도 썼다. 날마다 의사가 환자를 방문하듯, 아침마다 작은 새들의 둥지를 돌아다니며 갓 낳은 알을 먹어 치운 것이다. 그렇다고 실버스팟을 비난하면 안 된다. 우리도 헛간 앞뜰에 있는 암탉한테 그런 짓을 하지 않는가.

실버스팟은 재치 있는 행동도 곧잘 보였다. 어느 날, 실버스팟이 큼직한 빵 조각을 물고 골짜기를 내려오고 있었다. 마침 아래쪽 개울을 벽돌로 덮는 하수도 공사가 한창이었다. 전체 200미터 가운데 일부만 공사가 끝나 있었는데,

실버스팟은 아직 벽돌을 덮지 않은 부분을 지나가다가 빵 조각을 떨어뜨리고 말았다. 빵 조각은 물살에 휩쓸려 하수구 속으로 사라졌다. 실버스팟은 아래로 내려와 컴컴한 하수구를 들여다보았지만 헛일이었다. 그러다 뭔가 좋은 생각이 떠오른 듯 하수구의 하류 쪽 끝으로 날아가 한동안 기

다리더니, 물에 떠내려온 빵 조각을 보란 듯이 물고 갔다.

실버스팟은 세상 물정에 밝은 까마귀였다. 그리고 분명히 성공한 까마귀였다. 실버스팟이 사는 곳은 위험이 득실거리기는 해도 먹이가 풍부했다. 실버스팟은 해마다 그 허술하고 낡은 둥지에서 짝과 함께 새끼들을 키웠는데, 실버스팟의 짝은 도무지 알아볼 방법이 없었다. 까마귀들이 다시 모이면 실버스팟은 존경받는 우두머리로 돌아갔다.

까마귀들이 다시 모이는 때는 6월 말 즈음이다. 짤막한 꼬리와 보드라운 날개, 가늘고 높은 목소리를 가진 어린 까마귀들이 덩치가 엇비슷한 부모들을 따라 까마귀 사회의 일원이 되기 위해 소나무 숲으로 오면, 숲은 요새이자 학교가 된다.

이곳에서 어린 까마귀들은 잘 보이지 않는 높은 나뭇가지에 있는 것과 무리 생활이 안전하다는 것을 알고, 성공적인 까마귀로 살기 위한 모든 비결을 배운다. 까마귀의 삶에서는 아무리 사소한 실수도 다시 돌이킬 수 없다. 실수는 곧 죽음을 의미하기 때문이다.

어린 까마귀들은 소나무 숲에 도착한 뒤, 한두 주 동안 서로 얼굴을 익힌다. 같은 무리에 있는 까마귀들을 다 알아두어야 하기 때문이다. 새끼를 다 키운 부모 까마귀들은 오랜만에 소박한 휴식을 가진다. 이제 새끼들은 어른들처럼

어른들처럼 줄지어 앉아 있는 어린 까마귀들.

스스로 먹이를 구하고 가지 위에 줄지어 앉아 있을 줄도 알게 되었으니까.

 한두 주가 지나면 털갈이 철이 된다. 이때 나이 든 까마귀들은 대개 짜증을 내고 신경질을 부리지만, 그렇다고 어린 까마귀들의 훈련을 소홀히 하지는 않는다. 물론 어린 까마귀들도 엄마의 사랑을 한 몸에 받다가 갑자기 벌을 받거나 잔소리를 듣는 것이 달갑지는 않다. 하지만 부모가 자식에게 늘 말하듯이 이것은 다 새끼 까마귀들을 위한 일이고, 실버스팟은 훌륭한 선생님이었다.

 나는 가끔 실버스팟이 어린 까마귀들에게 연설하는 듯한 모습을 보기도 했다. 무슨 말인지는 모르겠지만, 어린 까마귀들의 태도로 보아 분명 무척 재치 있는 이야기였을 것이다. 어린 까마귀들은 나이와 힘에 따라 자연스레 두세 개의 분대로 나뉘어 아침마다 훈련을 했다. 그러고 나면 부모와 함께 먹이를 구하러 다녔다.

 이윽고 9월이 되자, 커다란 변화가 생겼다. 철없는 어린 까마귀들도 서서히 철이 들기 시작한 것이다. 멍청한 까마귀라는 표시인 하늘빛 눈동자가 노련한 까마귀라는 표시인 짙은 갈색으로 바뀌었다.

이때부터 어린 까마귀들은 훈련 내용을 완전히 소화하고, 보초 임무를 익혔다. 총과 덫에 대해서 배우고, 방아벌레 애벌레나 풋옥수수에 대해서도 특별 수업을 받았다. 뚱뚱한 시골 아낙네가 열다섯 살짜리 아들보다 덩치는 크지만 훨씬 덜 위험하다는 사실도 배웠고, 사내아이와 그 누이동생도 구별할 줄 알았다.

또 우산과 총은 다르다는 것도 알고, 여섯까지 셀 줄도 알게 되었다. 실버스팟은 거의 삼십까지 셀 줄 알지만, 어린 까마귀들에게는 여섯까지 세는 것도 대단한 일이다. 어린 까마귀들은 화약 냄새도 알고 솔송나무의 남쪽 면이 어디인지도 알게 되자, 나도 세상을 좀 안다며 우쭐대기 시작했다.

녀석들은 내려앉은 다음에는 날개가 깔끔하게 접혔는지 확인하려고 세 번씩 접었고, 여우를 괴롭혀서 저녁 식사의 절반을 빼앗을 줄도 알았다. 또 딱새나 자주색제비가 공격할 때는 덤불 속으로 잽싸게 뛰어들어야 한다는 것도 알았

다. 뚱뚱한 사과 장수 아낙네가 사과를 빼앗아 달아나는 어린 사내아이들을 잡지 못하는 것처럼 이 조그만 골칫덩이들과는 싸울 수 없기 때문이었다. 어린 까마귀들은 이 모든 것을 알고 있었다. 물론 아직 제철이 아니라서 알 사냥은 배우지 못했고, 조개를 본 적도 없고, 말의 눈알을 쪼아 먹어 보거나 옥수수 싹을 보지는 못했지만 말이다. 또 가장 중요한 교육인 여행에 대해서도 전혀 몰랐다. 두 달 전까지만 해도 여행 같은 것은 생각도 못 했

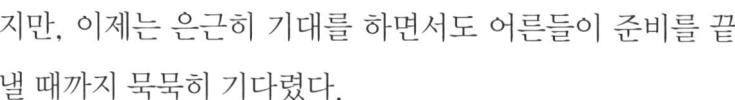

지만, 이제는 은근히 기대를 하면서도 어른들이 준비를 끝낼 때까지 묵묵히 기다렸다.

  9월이면 나이 든 까마귀들한테도 큰 변화가 생긴다. 털갈이를 끝내고 새로 자라난 깃털로 근사한 외투를 해 입는 것이다. 어른 까마귀들은 건강을 회복하면서 성격도 좋아진

다. 엄격한 교사였던 실버스팟도 한결 쾌활해져서, 오래전부터 실버스팟에게 존경심을 품고 있던 어린 까마귀들은 이제 진심으로 실버스팟을 사랑하게 되었다.

실버스팟은 까마귀들이 사용하는 모든 신호와 명령어를 가르치며 어린 까마귀들을 빈틈없이 훈련시켰고, 이른 아침이면 흐뭇하게 어린 까마귀들을 지켜보았다.

까마귀 지도자가 "제1 중대!" 하고 호령하면, 제1 중대가 우렁차게 대답했다.

지도자가 몸소 시범을 보이며 "날아라!" 하고 명령하면 어린 까마귀들이 일제히 앞으로 날아갔다.

"더 높이!" 하니까 명령이 떨어지기가 무섭게 모두들 위로 솟구쳤다.

"모여!" 하면 빽빽이 모여들어 검은 무리를 이루었다.

"흩어져!" 하면 바람에 날리는 나뭇잎처럼 오르르 흩어졌다.

"대열 형성!" 하고 명령이 떨어지면, 한 줄로 나란히 늘어서서 평소에 하늘을 날 때처럼 긴 대열을 만들었다.

"내려가!" 하면 모두들 땅을 스칠 듯이 낮게 내려갔다.

"먹이를 찾아라!" 하면 모두 바닥에 내려앉아 먹이를 찾으러 흩어졌다. 그동안 언제나 보초를 서는 까마귀 두 마리 가운데 한 마리는 오른편 나무에서, 다른 한 마리는 멀찍이

왼편에 있는 둔덕에서 망을 보았다.

1, 2분 뒤면 실버스팟이 "총 가진 사람이 나타났다!" 하고 외치곤 했다. 보초병들이 그 경고를 되풀이하면 까마귀들은 최대한 빨리 넓게 퍼져 나무 위로 날아갔다. 그리고 일단 나무에 숨었다가 다시 안전하게 줄을 지어 보금자리인 소나무 숲으로 돌아왔다.

보초 임무는 모든 까마귀가 번갈아 맡지 않고 위험을 재빨리 알아채는 몇몇 까마귀들만 평생 맡는데, 보초를 서면서 먹이도 찾아야 한다. 우리가 볼 때는 보초 까마귀들이 너무 힘겨울 것 같지만 이 방법은 매우 효과적이다. 그래서 모든 새들은 까마귀 조직이 가장 훌륭한 조직이라고 인정한다.

이윽고 11월이면 까마귀 떼는 현명한 실버스팟의 지도 아래 새로운 생활 양식과 새로운 이정표 그리고 새로운 먹이를 찾아 남쪽으로 날아간다.

3

까마귀가 바보처럼 굴 때는 오직 밤뿐이다. 까마귀가 무서워하는 새는 딱 하나, 바로 부엉이이다. 따라서 밤과 부엉이가 겹치면 까마귀들은 불행을 겪는다. 날이 어두워지고 멀리서 부엉이 울음소리가 들리면 가엾은 까마귀들은 날갯죽지에 파묻고 있던 머리를 들고 아침이 올 때까지 밤새 덜덜 떨며 앉아 있는다. 몹시 추운 날에 그렇게 머리를 내놓고 있으면 눈이 얼어붙고, 그러다가 눈이 멀어서 죽기도 한다. 병든 까마귀들이 갈 수 있는 병원은 어디에도 없기 때문이다.

하지만 아침이 오고 용기를 되찾으면 까마귀들은 자리를 박차고 일어나 근방 1.5킬로미터 이내의 숲을 샅샅이 뒤져 부엉이를 찾아낸다. 그러고는 그 부엉이를 죽지 않을 만큼 괴롭혀서 30킬로미터 밖으로 쫓아 버린다.

1893년 까마귀들은 여느 때처럼 캐슬프랭크로 돌아왔다. 며칠 뒤 나는 캐슬프랭크 숲을 걷다가 우연히 토끼 발자국을 보았다. 보아하니 토끼가 뭔가에 쫓긴 듯 눈밭을 죽어라고 뛰면서 나무 사이로 이리저리 도망쳐 다닌 흔적이 역력했다. 그런데 이상하게도 정작 뒤를 쫓은 동물의 흔적은 없었다. 토끼 발자국을 따라가 보니 눈 위에 핏방울이 떨어져 있었고, 좀 더 따라가 봤더니 먹다 남은 작은 갈색 토끼 몸뚱이가 보였다.

처음에는 누가 그 토끼를 죽인 걸까 의아했다. 눈 위를 자

살해자가 남긴 자취.

세히 살펴보니 발가락 두 개짜리 커다란 발자국과 무늬가 고운 밤색 깃털이 남아 있었다. 이제 모든 것이 분명해졌다. 부엉이였다.

30분 뒤, 나는 다시 그곳을 지나다가 죽은 토끼가 있는 곳에서 3미터쯤 떨어진 나무에 매섭게 눈을 치뜬 부엉이가 앉아 있는 것을 보았다. 살해자가 아직도 범죄 현장에서 어슬렁거리고 있었던 것이다. 이번만큼은 나의 추리가 틀리지 않았다. 내가 다가가자, 부엉이는 '꾸루루우' 하고 울고는 낮게 떠서 멀리 어두컴컴한 숲속으로 사라져 버렸다.

이틀 뒤 새벽에 까마귀들 사이에서 큰 소란이 일었다. 무슨 일인가 싶어 부리나케 나가 보니 하얀 눈 위로 새까만 깃털들이 떨어지고 있었다. 바람을 거슬러 깃털이 날아온 쪽으로 가 보니 피투성이 까마귀 사체와 발가락 두 개짜리 큼직한 발자국이 보였다. 이번에도 부엉이 짓이었다. 싸운 흔적도 있었지만 이 잔인하기 이를 데 없는 파괴자를 당할 수는 없었을 것이다.

가엾은 까마귀는 손도 쓸 수 없는 깜깜한 밤에, 자기가 앉아 있던 나뭇가지에서 끌려 나온 것이다.

나는 까마귀 사체를 뒤적이다가 우연히 눈 속에 파묻힌 까마귀 머리를 보았다. 순간 얼마나 놀랐던지, 무심결에 안타까운 한숨이 흘러나왔다.

실버스팟의 죽음.

아아! 그 까마귀는 실버스팟이었다. 오랫동안 자기 종족에게 도움을 주었던 실버스팟의 일생은 그렇게 끝이 났다. 수많은 어린 까마귀들한테 그렇게 조심하라고 일렀건만, 정작 자기가 그 부엉이에게 목숨을 잃은 것이다.

슈거로프에 있는 낡은 둥지에는 이제 아무도 살지 않는다. 까마귀들은 아직도 봄이면 캐슬프랭크를 찾아오지만 유명한 지도자가 사라진 지금은 수가 점점 줄어들고 있으며, 머지않아 오랜 세월 까마귀들의 터전이었던 소나무 언덕에서도 까마귀들을 찾아보기 힘들 것이다.

BINGO

The Story of My Dog

야성의 개 빙고

1

1882년 11월 초, 매니토바에 겨울이 막 찾아왔을 때였다. 나는 아침을 먹고 나서 의자에 비스듬히 기대앉아 나른한 눈으로 오두막 창 너머로 보이는 외양간의 끝자락과 초원 풍경을 바라보다가, 통나무 벽에 붙어 있는 '프랭클린네 개'라는 옛 동요 가사를 바라보다가 하며 잠시 한가한 시간을 보내고 있었다. 그때 불현듯 눈앞에서 몽롱하게 어른거리던 옛 동요와 바깥 풍경이 싹 걷히고, 커다란 잿빛 짐승이 쏜살같이 초원을 가로질러 외양간으로 들어가는 광경이 눈에 들어왔다. 잇따라 좀 더 작고 흰 바탕에 검은 무늬가 있는 짐승이 그 뒤를 바싹 쫓아가는 모습이 보였다.

"코요테다!"

나는 크게 외치고는 개를 도와주려고 총을 들고 밖으로 뛰쳐나갔다. 하지만 내가 도착하기도 전에 개와 코요테는 외양간을 떠났다. 눈밭을 달려가 다시 코요테를 몰아세우는 개는 이웃집에 사는 콜리종 개였다. 개는 덤벼들 기회를 노리며 코요테 주위를 빙글빙글 돌았다.

내가 멀리서 총을 두 발 쏘자 개와 코요테는 다시 들판을 내달렸다. 한바탕 달음박질 끝에 이 무적의 전사는 코요테에게 접근해서 궁둥이를 덥석 물었다가 코요테가 우악스레 반격하자 다시 물러났다. 그러더니 다시금 코요테를 궁지에 몰아넣었다가, 또다시 눈밭에서 쫓고 쫓기는 추격전을 펼쳤다.

두 짐승은 몇백 미터마다 이러기를 되풀이했다. 코요테는 나무들이 거뭇거뭇 줄지어 선 동쪽으로 달아나려 했지만, 그때마다 개는 코요테를 마을 쪽으로 몰아붙였다. 추격전이 1.5킬로미터쯤 이어졌을 때 내가 끼어들었다. 개는 이제 든든한 후원자가 있다는 것을 알고 끝장을 보려고 덤벼들었다.

둘은 몇 초 동안 누가 누구인지 분간이 안 될 정도로 엉겨붙어 싸웠다. 마침내 코요테가 뒤로 나자빠졌고, 콜리는 피

프랭크는 코요테가 공격하려고 돌아설 때마다 뒤로 물러났다.

를 줄줄 흘리면서도 코요테의 목을 꽉 물고 놓아주지 않았다. 이제는 내가 다가가기도 쉬웠다. 싸움은 내가 코요테의 머리에 총알을 박아 넣고서야 끝났다.

엄청난 폐활량을 가진 이 개는 일단 적이 죽자 두 번 다시 거들떠보지 않고 눈밭을 가로질러 6킬로미터쯤 떨어진 주인네 농장으로 천천히 달려갔다. 애초에 거기서부터 코요테를 쫓아온 것이었다. 이 개, 그러니까 프랭크는 워낙 실력이 뛰어나서 내가 따라가지 않았어도 코요테를 죽였을 것이다. 이 녀석은 이미 코요테를 여러 마리 해치운 경력이 있었다. 코요테가 늑대보다 몸집이 작기는 해도 프랭크보다는 훨씬 컸는데 말이다.

나는 프랭크의 뛰어난 능력에 홀딱 반해서, 아무리 큰돈이 들더라도 꼭 프랭크를 사고 싶었다.

하지만 주인은 어림없다는 듯이 대꾸했다.

"그 녀석 새끼나 한 마리 사지 그러슈?"

그래서 나는 프랭크의 새끼로 짐작되는 강아지, 그러니까 프랭크 짝의 아들로 만족해야 했다. 훌륭한 아비의 핏줄

을 이어받았을 이 강아지는, 온몸이 새까만 털로 덮여 있고 공처럼 동글동글해서 꼭 꼬리가 긴 새끼 곰 같았다. 그래도 털에 프랭크처럼 황갈색 무늬가 있는 것을 보니, 장차 프랭크처럼 위대한 개가 되지 않을까 하는 기대감이 생겼다. 또 녀석의 주둥이에는 특이하게 하얀 테가 둘러져 있었는데, 이 무늬는 다 자라고도 없어지지 않았다.

강아지가 생겼으니 이름을 지어야 했다. 하지만 이름은 이미 정해진 거나 마찬가지였다. 우리는 '프랭클린네 개'라는 동요를 처음 안 순간 머릿속에 새겨 둔 이름이 있었다. 그래서 우리는 잔뜩 뻐기며 강아지에게 '빙고'라는 이름을 지어 주었다.

2

그해 겨울, 빙고는 우리 오두막에서 지냈다. 빙고는 여느 강아지들이 그렇듯이 토실토실하고 동작이 굼떴으며, 착하긴 했지만 사고뭉치였다. 먹성이 좋아 날이 갈수록 몸집이 커졌는데 행동거지는 점점 어리숙해졌다. 빙고는 쥐덫에 코를 디밀었다가 혼쭐이 나고도 그 버릇을 쉬이 고치지 못했다. 그리고 몇 번이나 고양이한테 친한 척 굴었다가 오해만 샀다. 결국 언제 싸움이 벌어질지 모르는 긴장 상태로

지내다가 가끔 살벌한 분위기를 자아내곤 했다. 그러다 어렸을 때부터 고집쟁이였던 빙고가 오두막을 떠나 헛간에서만 자겠다고 결심하면서 그런 긴장 관계도 막을 내렸다.

봄이 되자 나는 본격적으로 빙고를 훈련시켰다. 나도 어지간히 고생했지만, 빙고 역시 엄청난 고통을 겪은 끝에 명령만 떨어지면 울타리 없는 초원에서 자유로이 풀을 뜯는 누런 암소를 데려올 줄 알게 되었다.

막상 그 일을 익히자, 빙고는 암소를 데려오라는 명령을 가장 즐겁고 기쁘게 여겼다. 빙고는 신이 나서 컹컹 짖으며 암소가 풀을 뜯는 들판이 좀 더 잘 보이게 펄쩍펄쩍 뛰면서 쏜살같이 달려가곤 했다. 그러고는 얼마 있다가 전속력으로 암소를 몰고 와서 암소가 헉헉거리며 외양간 구석으로 무사히 들어갈 때까지 숨 돌릴 틈조차 주지 않았다.

그 일에 힘을 조금만 덜 쏟았어도 좋으련만. 그냥 내버려

두었더니 빙고는 하루에 두 번이면 충분한 소몰이를 너무나 좋아한 나머지 시키지 않아도 제멋대로 암소 '던'을 몰고 왔다. 마침내 이 힘이 남아도는 소몰이꾼은 투철한 책임감으로 하루에 한두 번이 아니라 열두 번씩 힘차게 뛰어나가 암소를 몰고 왔다.

이렇듯 도가 지나치다 싶더니, 급기야 빙고는 몸이 찌뿌드드하거나 짬이 생기거나 문득 생각이 나면, 어김없이 경주라도 하듯 재빨리 들판으로 뛰어가 몇 분 만에 가엾은 암소를 전속력으로 몰고 돌아왔다.

처음에는 암소가 멀리까지 가는 것을 막을 수 있겠다 싶어 조금도 문제 삼지 않았다. 하지만 빙고 때문에 풀을 제대로 뜯지 못한 암소는 점점 여위어 갔고 젖도 줄었다. 게다가 빙고가 신경 쓰이는지 그 밉살스러운 개가 있나 없나 항상 초조해하며 주위를 둘러보았고, 아침이면 괜히 멀리 나갔다가 쫓겨 오기 겁난다는 듯이 외양간을 떠나려 하지 않았다.

보통 일이 아니었다. 우리는 빙고가 소몰이를 적당히 하도록 온갖 방법을 다 써 보았지만 모두 실패했다. 그래서 아예 소몰이를 그만두게 할 수밖에 없었다. 그 뒤로 빙고는 암소를 집으로 몰고 오지는 않았다. 하지만 여전히 암소에 대한 관심을 떨쳐 버리지 못한 듯 암소가 우유를 짜는 동안 외양간 문가에 떡하니 드러눕곤 했다.

여름이 다가오자 모기가 극성을 부렸다. 하지만 젖을 짤 때 던이 모기를 쫓으려고 꼬리를 휘휘 젓는 것은 모기 떼보다 더 괴로웠다.

젖 짜기 담당인 프레드 형은 성격이 급하고 기발한 생각을 곧잘 했는데, 이번에도 암소가 꼬리를 휘젓지 못하게 할 간단한 꾀를 생각해 냈다. 프레드 형은 암소 꼬리에 벽돌을 매달고는 이제 편히 일하게 되었다고 굳게 믿으며 기운차게 젖을 짜기 시작했다. 우리는 의심스러운 눈초리로 형을 바라보았다.

아니나 다를까, 뿌옇게 모여든 모기 떼 사이로 퍽 하고 둔탁한 소리가 나더니 '사람 소리'가 터져 나왔다. 암소는 아무 일 없다는 듯이 태연히 꼴을 먹고 있었는데 가까스로 일어난 프레드 형이 젖 짤 때 앉는 의자로 암소를 사정없이 후려쳤다. 멍청한 늙은 암소한테 벽돌로 따귀를 맞은 것도 분해 죽겠는데 구경꾼들이 왁자하게 웃으며 놀리는 바람에 화가 폭발한 것이다.

빙고는 떠들썩한 소리가 나자 자기가 필요한 모양이라고 지레짐작하고는 쏜살같이 외양간으로 뛰어 들어가 반대편에서 던을 공격했다. 이 소동은 우유가 죄다 엎질러지고 양동이와 의자가 망가지고 암소와 개가 흠씬 두들겨 맞고 나서야 간신히 가라앉았다.

가엾은 빙고는 자기가 무엇을 잘못했는지 몰랐다. 빙고는 예전부터 던을 깔보긴 했지만, 이 소동을 계기로 진저리가 나서 아예 외양간을 미련 없이 떠나기로 마음먹었다. 그리고 그 뒤로는 말들과 마구간에 애정을 기울였다.

소는 내 것이고 말은 형 것이었다. 그 때문인지 빙고가 마구간에 정성을 쏟으면서 나하고도 멀어진 것 같았다. 빙고는 이제 더 이상 나를 따라다니지 않았다. 그래도 언제든 위급한 일이 닥치면 나를 의지했고, 나도 빙고를 의지했다. 나와 빙고 사이에는 사람과 개 사이에 맺어진 끈이 평생 이어진다는 느낌이 통했던 것 같다.

그 뒤로 빙고가 소몰이꾼 노릇을 한 것은 그해 가을 카베리 품평회 때뿐이었다. 품평회에서는 대회에 가축을 많이 내보내도록 눈이 번쩍 뜨일 만한 상품들을 내걸었다. 소몰이를 잘한 개는 '최고로 훈련이 잘된 콜리'라는 영예뿐만 아니라 '2달러'의 상금도 받을 수 있었다.

나는 믿지 못할 친구의 꾐에 빠져 빙고를 대회에 참가시켰고, 대회 날 아침 일찍부터 암소를 마을 어귀의 들판에 몰아다 놓았다. 때가 되자 나는 암소를 가리키며 "어서 데려와." 하고 빙고에게 명령을 내렸다. 물론 심사 위원석 앞에 있는 나한테 암소를 데려오라는 뜻이었다.

하지만 두 짐승은 현명했다. 여름 내내 훈련한 보람이 있었다. 던은 빙고가 달리기 자세를 취하는 순간 외양간에 들어가는 것만이 살길이라고 생각했고, 빙고 역시 던을 외양

간으로 빨리 몰아가는 것이 일생의 유일한 임무라고 굳게 믿었다. 그렇게 해서 둘은 쫓고 쫓기는 사슴과 늑대처럼 들판으로 달려갔고, 순식간에 우리 눈앞에서 사라져 3킬로미터 떨어진 집으로 가 버렸다.

빙고와 던은 끝내 심사 위원들 앞에 나타나지 않았다. 소몰이 대회에 참가한 개는 딱 두 마리뿐이었는데, 결국 상은 다른 개에게 돌아갔다.

3

빙고는 말들에게 놀라울 정도로 극진했다. 낮에는 말들과 함께 뛰어다녔고, 밤에는 마구간 문가에서 잤다. 말들이 가는 곳이면 어디든 따라갔고, 어떤 경우에도 말들 곁을 떠나지 않았다. 이렇듯 빙고가 말 주인 행세를 한 탓에, 지금부터 이야기할 사건이 더욱 예사롭지 않게 느껴졌다.

나는 원래 미신을 믿지 않고 불길한 징조 따위는 없다고 여겼지만, 빙고가 주된 역할을 한 이 이상한 사건은 내게 깊은 인상을 남겼다.

당시 형과 나는 드윈턴 농장에서 단둘이 살고 있었다. 어느 날 아침 형은 마른풀을 구하러 보기크리크로 갔다. 하루가 꼬박 걸리는 길이라 형은 일찌감치 출발했다. 그런데 그

날따라 이상하게도 빙고가 말들을 따라나서지 않았다.
 형이 불러도 빙고는 멀찌감치 떨어져서 말들을 곁눈으로만 힐끔거릴 뿐 꼼짝도 하지 않았다. 그러더니 별안간 주둥이를 허공으로 치켜들고 구슬픈 울음소리를 길게 토했다. 그리고 눈앞에서 멀어지는 마차를 지켜보다가 이따금 더없이 서글픈 소리로 울면서 100미터쯤 따라가다가 다시 돌아왔다.
 빙고는 온종일 헛간 주위를 맴돌았다. 빙고가 자기 의지로 말들과 떨어져 있었던 것은 그때뿐이었다. 빙고는 이따금 장송곡 같은 울음소리를 냈다. 혼자 남은 나는 빙고의 행동을 보면서 뭔가 큰일이 일어날 것 같은 불길한 예감에 휩싸였고, 덩달아 시간이 흐를수록 마음은 더욱 무겁게 가라앉았다.
 6시쯤 되자, 빙고의 울음소리는 더 이상 참을 수 없는 지경에 이르렀다. 별 뾰족한 수가 없었던 나는 빙고에게 뭔가를 던지며 썩 꺼지라고 명령했다.

하지만 얼마나 무시무시한 예감인가! 왜 형을 혼자 보냈던가? 과연 형을 다시 볼 수 있을까? 빙고가 하도 별나게 굴어서 그런 무시무시한 예감이 들었던 것 같다.

결국 형은 제시간에 마른풀을 싣고 나타났다. 나는 내심 안도의 한숨을 쉬고는, 말들을 돌보면서 아무렇지 않은 척 "별일 없었어?" 하고 물어보았다.

"없었어." 하고 형은 짤막하게 대답했다.

그러니 누가 예감 따위를 믿을 수 있겠는가.

하지만 그 일이 있은 지 한참 뒤에 신비한 일들에 대해 잘 아는 사람한테 그 이야기를 했더니, 그 사람이 심각한 표정으로 물었다.

"빙고는 안 좋은 일이 닥치면 항상 당신을 찾습니까?"

"네."

"그렇다면 그건 예삿일이 아녜요. 그날 위험했던 건 당신이었어요. 그게 뭔지는 모르지만 빙고가 곁에 남아서 당신 목숨을 구한 거죠."

4

이른 봄부터 나는 빙고를 훈련시켰다. 하지만 얼마 안 있어 오히려 내가 빙고한테 배우기 시작했다.

우리 오두막과 카베리 마을 사이에는 3킬로미터쯤 되는 초원이 가로놓여 있는데, 그 중간쯤에 농장 지역임을 표시해 둔 말뚝이 있었다. 야트막한 흙 둔덕에 박아 놓은 그 굵은 말뚝은 멀리서도 한눈에 보였다.

나는 곧 그곳을 지날 때마다 무슨 까닭인지는 몰라도 빙고가 말뚝을 꼼꼼히 살펴본다는 것을 눈치챘다. 그리고 이웃 개들뿐만 아니라 코요테들도 그 말뚝을 찾는다는 사실을 알았다. 망원경으로 수없이 관찰한 끝에 결국 그 이유를 알게 되면서 빙고의 생활을 더욱 깊이 들여다볼 수 있었다.

그 말뚝은 갯과 동물들이 합의한 일종의 연락소였다. 동물들은 뛰어난 후각으로 최근에 누가 그 말뚝에 왔다 갔는지 대번에 아는 것이다. 눈이 내리자 나는 더 많은 사실을 알아낼 수 있었다. 그 말뚝은 그 지역에 흩어져 있는 여러 연락소 가운데 하나였다. 간단히 말해서 그 지역 전체에는 적당한 간격마다 연락소가 있었다. 연락소는 눈에 잘 띄는 말뚝이나 바위, 아메리카들소의 해골 등 우연히 알맞은 자리에 놓인 물건이었는데, 자세히 관찰해 보니 소식을 주고받기에는 그만이었다.

개나 코요테들은 길을 가다가 근처 연락소에 꼬박꼬박 들러서 최근에 누가 왔다 갔는지 알아보곤 했다. 마치 신사가 읍내에 돌아오자마자 사교 클럽에 들러 회원 목록을 뒤적이며 그동안 누가 다녀갔는지 알아보듯이 말이다.

한번은 빙고가 그 말뚝에 다가가 킁킁거리며 주변의 땅을 살펴보더니, 목털을 빳빳이 세우고 번뜩이는 눈빛으로 으르렁거리면서 경멸스럽다는 듯이 뒷발로 세차게 땅을 긁다가 뒤를 흘끔흘끔 돌아보며 꼿꼿이 걸어갔다. 그 행동은 이런 뜻이었다.

"크르릉! 컹컹! 매카시네 똥개잖아. 컹! 오늘 밤 손 좀 봐줘야겠군. 크르르, 컹컹!"

언젠가는 코요테가 왔다 간 흔적을 발견하자, 무척 흥미로운 듯 자세히 조사하면서 뭐라고 중얼거렸다. 나는 나중에야 그게 무슨 뜻인지 알았다.

"죽은 암소 냄새를 풍기며 북쪽에서 온 코요테라. 이게 사실일까? 폴워스의 브린들이 드디어 죽었단 말이군. 흐음, 조사해 볼 만한데."

언젠가 빙고는 꼬리를 흔들며 말뚝 주변을 뛰어다녔고, 자신이 들렀다는 흔적을 뚜렷이 남기기 위해 자꾸만 말뚝을 찾아갔다. 브랜든에서 막 돌아온 자신의 형제 빌한테 알리려고 그런 것인지도 모른다. 그러니 어느 날 밤 빌이 빙고를 찾아와, 맛있는 말고기가 마련되어 있는 언덕에서 빙고와 함께 재회를 축하하는 잔치를 벌인 것은 우연이 아니었다.

또 이따금 빙고는 새로운 소식에 흥분해서 더욱 새로운 정보를 얻으려고 냄새 흔적을 따라 다음 연락소까지 달려가곤 했다.

빙고는 심각한 표정으로 조사하기도 했는데, 마치 "아니, 이놈은 대체 누구지?"라든가 "지난여름에 포티지에서 만난 녀석인 모양이군." 하고 중얼거리는 것 같았다.

어느 날 아침, 빙고는 말뚝에 다가가자마자 온몸의 털을 곤두세우더니 꼬리를 내리고 부들부들 떨며 갑작스레 복통을 일으켰다. 두려움을 느낀 게 분명했다. 빙고는 냄새 흔적을 따라가거나 더 자세히 알려고 하지도 않고 그대로 집으로 돌아왔다. 그 뒤로도 빙고는 30분이 넘도록 털을 곤두세운 채 증오 또는 두려움이 깃든 표정을 짓고 있었다.

나는 그 무시무시한 냄새를 조사해 보고서야 빙고가 겁에 질려 목을 울리며 "크르르-크르릉" 하고 중얼거린 것이 "늑대다."라는 뜻임을 알았다.

그 밖에도 내가 빙고에게 배운 것은 많았다. 빙고가 마구간 옆 싸늘한 잠자리에서 일어나 기지개를 켠 다음 텁수룩한 털에 쌓인 눈을 털어내고 어둠 속으로 총총 사라질 때면, 나는 속으로 이렇게 생각하곤 했다.

'아하! 이 녀석, 네가 어디로 가는지, 왜 오두막에서 자지 않는지 나도 다 알아. 어떻게 그렇게 때맞춰 밤 나들이를 가는지도 말이야. 네가 원하는 것을 어디서 어떻게 찾는지 나도 다 알고 있다고.'

5

1884년 가을, 드윈턴 농장의 오두막이 문을 닫는 바람에 빙고는 우리와 가장 친한 이웃인 고든 라이트네 집, 아니, 고든네 마구간으로 잠자리를 옮겼다.

빙고는 강아지 시절이던 겨울 이후로 천둥이 칠 때만 집 안으로 들어왔다. 빙고는 천둥과 총을 몹시 무서워했다. 분명 총 때문에 천둥도 무서워하게 된 듯했다. 빙고에게는 총에 얽힌 불쾌한 경험이 있었는데 다음 이야기를 들어 보면 자세한 사정을 알 수 있을 것이다.

빙고는 아무리 추운 날이라도 마구간 밖에서 잤고, 덕분에 밤에는 마음껏 자유를 누렸다. 빙고는 몇 킬로미터 떨어진 들판까지 나돌아 다녔다. 그 증거는 많다. 아주 외진 곳에 사는 농부들이 고든 노인에게 밤에 개를 묶어 두지 않으면 총을 쏘겠다고 으름장을 놓았다. 빙고가 총을 무서워하는 것을 보면, 그 협박이 빈말이 아니었음을 짐작할 수 있다.

멀리 페트렐에 사는 한 남자는 어느 겨울밤 눈밭에서 덩치 큰 검은 늑대가 코요테를 죽이는 광경을 보았다고 했다가, 나중에는 "그건 고든네 개가 틀림없다."라고 고쳐 말했다. 겨울철에 얼어 죽은 수소나 말의 사체를 발견할 때마다, 빙고는 밤중에 그리로 가서 코요테들을 쫓아 버리고 고기를 실컷 뜯었다.

빙고는 조금 떨어진 이웃 농장의 개와 싸워서 상처를 입히기도 했다. 그래서 개 주인에게 앙갚음하겠다는 협박을 받긴 하지만 빙고의 혈통이 끊길 걱정은 하지 않아도 될 것 같았다. 새끼를 셋 거느린 암코요테가 있는데, 새끼들이 어미를 닮긴 했지만 시커멓고 몸집이 유난히 큰 데다 주둥이에 하얀 테두리 같은 무늬가 있다고 누군가가 하는 말을 들었기 때문이다.

그 말이 사실인지 아닌지는 모르겠지만, 나도 3월 말에 이런 일을 겪긴 했다. 그때 우리는 썰매를 탔고 빙고는 뒤에서 따라왔는데, 코요테 한 마리가 작은 골짜기에서 뛰어나왔다. 빙고가 열심히 쫓자 코요테는 달아나는 시늉을 했지만 그다지 겁을 먹은 것 같지는 않았다. 잠시 뒤 빙고가 바짝 따라붙었는데도 이상하게 서로 문다거나 엉겨 붙어 싸우거나 하지 않았다!

빙고는 코요테와 나란히 달리며 코요테의 코를 핥아 주기까지 했다.

우리는 너무나 놀라, 빙고에게 코요테를 잡으라고 재촉했다. 우리가 고함을 지르며 다가가자 그제야 코요테는 깜짝 놀라서 잽싸게 피했다. 빙고는 다시 코요테를 쫓아가 따라잡았지만, 빙고가 코요테한테 다정하게 군다는 것은 한눈에 알 수 있었다.

나는 그제야 어찌 된 일인지 깨닫고 소리쳤다.

"저건 암코요테야. 빙고는 해칠 마음이 없어."

고든은 "어이구, 세상에." 하고 말했다.

우리는 내켜 하지 않는 빙고를 불러 가며 계속 썰매를 몰았다.

그 뒤 몇 주 동안 코요테가 골치를 썩였다. 닭들을 죽이고, 집 주위에 널어놓은 돼지고기를 훔쳐 갔다. 게다가 남

빙고와 암코요테.

자 어른이 없을 때 오두막 유리창 너머로 집 안을 들여다보는 바람에 아이들이 기겁한 적이 한두 번이 아니었다.

 빙고는 코요테를 말릴 생각이 눈곱만치도 없는 것 같았다. 마침내 그 암코요테는 죽었고, 빙고는 그 뒤로 오랫동안 암코요테를 죽인 올리버를 드러내 놓고 미워했다.

6

 사람과 개가 어떤 어려움이 있어도 서로에게 충실하다는 것은 놀랍고도 아름다운 일이다. 버틀러는 멀리 북부 지방에서 사이좋게 살던 인디언 부족의 이야기를 들려주었다. 누군가가 이웃 사람의 개를 죽이자 복수가 꼬리에 꼬리를 물고 이어져, 결국 그 인디언 부족이 전멸하다시피 했다는 이야기였다. 우리도 마찬가지로 개 때문에 소송을 걸거나 싸움박질을 하거나 화해하지 못하고 티격태격하기도 한다. 이 모든 일은 '나를 사랑하면 내 개도 사랑하라'는 옛 교훈을 떠올리게 한다.

 우리 이웃 중 한 사람은 아주 훌륭한 사냥개를 데리고 있었다. 그 사람이 보기에 자기 개는 세상에서 가장 훌륭하고 사랑스러운 개였다. 나는 그를 사랑했기 때문에 그의 개도 사랑했다. 그래서 어느 날 탠이라는 이름의 그 가엾은 개가 끔찍한 만신창이가 된 몸으로 집까지 기어 와 문간에서 숨을 거두자, 나는 개 주인과 함께 복수를 다짐하며 악당의 흔적을 찾기 위해 상금을 내걸고 실마리를 수집하는 등 갖은 수를 다 썼다.

마침내 남쪽에 사는 세 남자 중 하나가 그 끔찍한 사건과 관계가 있음이 밝혀졌다. 냄새가 점점 짙어졌다. 이제 가엾은 탠을 죽인 비열한 놈은 철저히 응징당할 터였다.

그러다 나는 어떤 일을 계기로 손바닥 뒤집듯 마음을 바꾸었다. 그리고 그 늙은 사냥개를 잔인하게 죽인 것이 꼭 용서할 수 없는 범죄는 아니며, 어찌 보면 차라리 잘된 일이라고까지 생각했다.

우리 집 남쪽에 있는 고든 라이트네 농장에 갔을 때였다. 내가 탠을 죽인 범인을 뒤쫓고 있다는 사실을 알고 있던 고든의 아들이 나를 한쪽으로 데려갔다. 그러더니 조심스럽게 주위를 살핀 뒤 슬픈 목소리로 속삭였다.

"빙고가 그랬어요."

그 순간 범인 찾기는 중단되었다. 나는 그토록 열심히 정의를 추구하다가 그 순간부터 오히려 정의를 막는 데 온 힘을 쏟게 되었다.

나는 오래전에 빙고를 남에게 줘 버렸지만, 빙고가 나의 개라는 느낌은 쉽게 지워지지 않았다. 뒤이어 개와 인간의 한결같은 우정을 보여 주는 사건이 또 하나 일어났는데, 거기에도 빙고가 등장한다.

고든 노인과 올리버는 가까운 이웃이자 친구였다. 두 사람은 서로 벌목 계약을 맺고 겨울에도 저녁 늦게까지 사이좋게 일했다. 어느 날 올리버네 늙은 말이 죽자, 그는 이 기회를 이용해 늑대를 잡기로 하고 말 사체를 들판에 가져다 놓고는 주위에 독이 든 미끼를 놓아두었다. 아아, 가엾은 빙고! 늑대처럼 살던 빙고는 늑대들이 겪는 불행을 피해 가지 못했다.

빙고는 자신의 야생 친척들만큼이나 말고기를 좋아했다. 바로 그날 밤 고든네 개 컬리와 빙고가 말 사체를 찾아왔다. 빙고는 코요테들을 쫓느라 바빴던 모양이고, 그동안 컬리는 말고기를 실컷 먹었다. 눈 위에 난 발자국들을 보면 그 잔치가 어땠는지 알 수 있었다. 컬리는 몸에 독이 퍼지자 말고기를 먹다 말고 끔찍한 고통 속에서 경련을 일으키며 이리저리 헤매다가 집으로 돌아왔다. 그리고 고든의 발치에 쓰러져 지독한 고통에 몸부림치며 죽어 갔다.

'나를 사랑하면 내 개도 사랑하라.' 그러니 어떤 해명도 사과도 통하지 않았다. 우연한 사고였다고 주장해 봤자 아무 소용이 없었다. 돌이켜 보면 예전부터 빙고와 올리버의 사이가 나빴던 것이 이 사건에 영향을 미친 것은 아닐까.

컬리가 말고기를 실컷 먹는 동안 빙고는 망을 보았다.

아무튼 벌목 계약은 깨어지고, 둘의 다정한 관계는 끝장이 났으며, 컬리가 비명을 지르며 죽어 가던 그때부터 온 마을 사람들까지 곧장 두 패로 나뉘어 서로 으르렁거리게 되었다.

몇 달이 지나자 빙고는 독 기운에서 회복되었다. 우리는 빙고가 다시는 예전처럼 튼튼해지지 못할 줄 알았다. 하지만 따뜻한 봄이 오자 빙고는 기운을 차리기 시작했고 풀이 자라날 무렵이 되자 하루가 다르게 좋아졌다. 마침내 빙고는 3, 4주도 지나지 않아 건강을 되찾아 기운이 펄펄 넘쳤다. 친구들에게는 자랑거리지만 이웃에게는 골칫거리인 예전의 빙고로 돌아간 것이다.

7

내가 개인적인 일로 매니토바를 떠났다가 1886년에 돌아와 보니, 빙고는 여전히 고든네 집에서 살고 있었다. 내가 떠나 있던 2년 사이에 빙고가 나를 잊은 줄 알았는데, 사실은 그렇지 않았다.

어느 초겨울 날, 꼬박 이틀 동안 사라졌던 빙고가 고든네 집으로 돌아왔다. 무거운 통나무를 질질 끌고 나타난 빙고는 한 발이 늑대용 덫에 끼여 돌처럼 딱딱하게 얼어 있었

다. 빙고가 워낙 사납게 구는 바람에 아무도 빙고에게 다가갈 엄두를 내지 못했다. 그때 이제는 낯선 사람이 된 내가, 허리를 굽히고 한 손으로 덫을 쥐고 또 한 손으로 빙고의 다리를 잡았다. 그 순간 빙고가 내 손목을 물었다.

나는 침착하게 말했다.

"빙고, 나 모르겠니?"

빙고는 애당초 내 손목을 꽉 물지는 않았다. 그리고 내 목소리를 듣자마자 손목을 놓아주고는 덫을 빼내는 동안 낑낑거리기는 했지만 반항하지는 않았다. 빙고는 집이 바뀌고 내가 오랫동안 떠나 있었는데도 나를 잊지 않았고, 나 역시 빙고를 남에게 주고 나서도 여전히 내 개라고 생각했다.

나는 들어가지 않겠다고 버티는 빙고를 억지로 집 안으로 옮기고 언 발을 녹여 주었다. 빙고는 겨울 내내 다리를 절뚝거리며 다녔고, 결국 발가락 두 개를 잃었다. 하지만 날이 풀리기도 전에 빙고는 완전히 건강을 되찾았고, 언뜻 봐서는 강철 덫에 걸렸던 끔찍한 흔적도 찾아볼 수 없게 되었다.

8

그해 겨울 나는 빙고처럼 운이 좋지 못해 덫에서 빠져나오지 못한 코요테와 여우를 많이 잡았다. 그리고 그 덫들을 봄까지 그대로 두었다. 봄에는 모피가 비싸지 않지만 상금이 짭짤하기 때문이다.

케네디 평야는 인적이 드문데다 큰 숲과 마을 사이에 놓여 있어서 덫 놓기에 좋았다. 운 좋게도 나는 여기서 모피를 많이 얻었고, 4월 하순쯤에도 평소처럼 말을 타고 평야를 한 바퀴 돌았다.

늑대 덫은 강철로 만들어져 있고, 각각 45킬로그램의 힘을 가진 용수철이 두 개나 달려 있다. 나는 미끼를 묻은 뒤 그 주위에 늑대 덫 네 개를 놓은 다음, 숨겨 놓은 통나무에 덫을 단단히 연결하고는 솜과 고운 모래로 감쪽같이 덮어 놓았다.

이 덫 가운데 하나에 코요테 한 마리가 걸려들었다. 나는 코요테를 몽둥이로 때려 죽인 다음 한옆에다 치우고, 지금껏 수없이 해 온 대로 다시 덫을 놓았다. 작업은 금방 끝났다. 나는 덫을 풀거나 죌 때 쓰는 스패너를 조랑말 쪽에다 던져 놓았다. 그리고 근처에 고운 모래가 눈에 띄기에 한 줌 집어다가 작업을 마무리하려고 손을 뻗었다.

아, 하필 그런 생각을 하다니! 오랫동안 별 탈 없이 지낸 탓에 방심한 나머지 어처구니없는 실수를 저지른 것이다! 고운 모래 밑에는 내가 놓은 늑대 덫이 있었다. 내 손은 순식간에 덫에 철커덕 걸리고 말았다.

덫에는 톱니가 없었고 나는 덫을 놓느라 두툼한 장갑을 끼고 있었기 때문에, 손은 다치지 않았지만 손마디 위쪽이 덫에 단단히 끼여 버렸다. 나는 당황하지 않고, 스패너를 집기 위해 오른발을 뻗었다. 나는 바닥에 엎드린 채 온몸을 쭉 뻗고 덫에 끼인 팔을 최대한 곧게 펴며 조금씩 스패너 쪽으로 움직였다.

눈으로 보지는 못하지만, 발가락으로 더듬으며 덫을 풀 스패너를 찾을 수 있으리라 기대했다. 처음에는 실패했다. 사슬에 묶인 터라 아무리 애를 써도 발가락에 쇠붙이가 닿는 느낌이 오지 않았다. 덫 주위를 찬찬히 둘러보았지만 별 뾰족한 수가 없었다.

나는 힘겹게 주위를 관찰해 보고 나서, 내가 너무 서쪽으로 치우쳐 있다는 것을 알았다. 나는 다시 스패너를 찾아 오른발을 더듬거렸다. 오른발에 신경 쓰느라 왼발을 까맣게 잊고 있었는데, 갑자기 '철컥' 하는 날카로운 소리와 동시에 세 번째 덫에 왼발이 물리고 말았다.

처음에는 내가 얼마나 끔찍한 처지에 놓였는지 실감하지 못하다가 곧 아무리 몸부림쳐도 빠져나갈 수 없다는 것을 깨달았다. 나는 덫에서 벗어나지도 못하고 덫을 매달고 가지고 못한 채, 땅에 붙박여 널브러져 있을 수밖에 없었다.

이제 나는 어떻게 될까? 겨울이 물러갔으니 얼어 죽을 염려는 없겠지만, 케네디 평야는 인적이 드문 곳이라 겨울에 나무를 베는 벌목꾼들만 오갈 뿐이었다. 내가 어디에 있는지 아무도 모르는 상태에서 내 힘으로 덫에서 빠져나오지 못한다면, 코요테한테 잡아먹히거나 얼어 죽거나 굶어 죽는 수밖에 없었다.

들판 서쪽의 가문비나무 늪지대 위로 붉은 해가 졌다. 몇 미터 떨어진 땅다람쥐 둔덕에서는 해변종다리가 어젯밤 우리 집 문가에서 부르던 노래를 불렀다. 얼얼한 아픔이 서서히 팔을 타고 올라오고 견디기 힘든 한기가 몸을 에워싸는 와중에도 나는 그 조그만 새의 귀 깃털이 얼마나 긴지 새삼 깨달았다. 그러다 문득 고든네 오두막의 아늑한 저녁 식탁

이 떠올랐다. 지금쯤 그 집 식구들은 저녁에 먹을 돼지고기를 튀기거나 편히 앉아 쉬고 있겠지.

내 조랑말은 내가 굴레를 벗겨 땅에 내려놓은 자리에 그대로 서서, 나를 집에 데려가려고 진득하니 기다리고 있었다. 조랑말은 왜 빨리 집으로 돌아가지 않는지 몰랐고, 내가 부르면 풀을 뜯다 말고 멀뚱멀뚱 바라보기만 했다.

조랑말이 저 혼자서라도 집에 돌아간다면, 사람들은 빈 안장을 보고 대충 사정을 짐작하고 도와주러 올 것이다. 하지만 조랑말은 충성심 때문에 내가 추위와 배고픔으로 죽어 가는 동안 몇 시간이고 기다리고만 있었다.

그러다 언뜻 실종되었다가 이듬해 봄에 백골로 발견된 덫 사냥꾼 지로 영감이 떠올랐다. 그의 다리는 곰 덫에 물려 있었다. 나는 내 옷 중에서 어느 부분이 나라는 것을 알려 줄까 생각했다.

그때 퍼뜩 이런 생각이 떠올랐다. 덫에 걸린 늑대도 지금의 나와 같은 심정이겠지. 아! 내가 여태껏 얼마나 몹쓸 짓

을 해 온 걸까! 이제 그 죗값을 치르는가 싶었다.

 서서히 밤이 다가왔다. 코요테 한 마리가 길게 울부짖자 조랑말은 귀를 쫑긋 세우고 내게 다가와 머리를 숙이고 섰다. 다른 코요테가 울부짖고, 뒤이어 또 다른 코요테가 울부짖었다. 코요테들이 모여들고 있었다. 나는 무기력하게 땅바닥에 엎드린 채 코요테들이 와서 나를 갈기갈기 찢어 놓는다면 그야말로 응당한 일이 아닌가 생각했다.

 한동안 코요테들의 울음소리가 이어지더니 어느새 어슴푸레한 형체들이 천천히 다가왔다. 조랑말이 먼저 그것들을 발견하고 겁에 질려 히이잉 울었다. 그 소리에 코요테들은 일단 물러났지만, 그다음에는 더 가까이 다가와 들판에 누워 있는 나를 빙 둘러싸고 앉았다. 곧이어 그중 대담한 놈이 슬금슬금 다가와 죽은 친척의 사체를 잡아당겼다. 그러다가 내가 고함을 지르자 으르렁거리며 뒤로 물러났.

 조랑말은 공포에 질려 멀찌감치 달아났다. 곧 코요테가 돌아왔고, 다가왔다 물러나기를 두세 번 되풀이하더니 결국 죽은 코요테를 끌고 갔다. 코요테들은 죽은 코요테를 몇 분 만에 깨끗이 먹어 치웠다.

 이윽고 코요테들은 더욱 가까이 모여들어 엉덩이를 깔고 앉아서 나를 바라보았고, 가장 대담한 놈이 총 냄새를 맡더니 그 위에 흙을 끼얹었다.

놈은 내가 고함을 지르며 덫에 물리지 않은 발로 걷어차자 뒤로 물러났지만, 내가 기운이 빠질수록 더욱 가까이 접근하더니 마침내 내 얼굴 앞에 바싹 다가와 으르렁거렸다. 그러자 다른 코요테들까지 으르렁거리며 다가왔다. 내가 가장 하찮게 여기던 놈들한테 잡아먹히고 마는구나 하고 생각한 순간, 갑자기 어둠 속에서 크르릉 하는 소리와 함께 거대한 검은 늑대가 튀어나왔다. 코요테들은 간 큰 놈만 빼고는 모두 뿔뿔이 흩어졌고, 검은 늑대한테 붙잡힌 놈은 순식간에 너덜너덜한 사체가 되고 말았다. 아, 다음 순간은 상상만 해도 끔찍했다. 그 거대한 짐승이 이제는 내 쪽으로 뛰어왔으니까. 하지만 그 짐승은 다름 아닌 빙고였다. 빙고는 숨 가쁘게 오르내리는 털북숭이 옆구리를 내 몸에 비비며 내 창백한 얼굴을 핥아 주었다.

"빙고, 나의 빙고, 내 강아지, 스패너를 갖고 오렴!"

빙고는 가서 총을 끌고 왔다. 빙고가 아는 것은 내가 뭔가를 가져다 달라고 한다는 것뿐이었다.

"아니, 스패너 말이야."

다음으로 빙고는 내 허리띠를 가져왔고, 여러 번 실패한 끝에 마침내 스패너를 가져다주고는 기뻐서 꼬리를 흔들었다. 나는 자유로운 손을 뻗어 어렵사리 나사를 풀었다. 덫이 풀리면서 손이 빠져나왔고, 잠시 뒤 나는 자유의 몸이 되었다.

빙고가 조랑말을 데려왔다. 나는 굳었던 몸에 피가 돌게끔 잠시 천천히 걷고 나서 말에 올라탔다. 처음에는 천천히 걷다가 곧 따가닥따가닥 힘차게 달렸고, 빙고는 컹컹 짖으며 나를 앞질러 쏜살같이 달려 나갔다. 나는 집에 도착하고서 새로운 사실을 알게 되었다. 이 용감한 개는 평소에 한 번도 덫사냥에 따라나선 적이 없는데, 그날따라 벌목꾼들이 다니는 길을 지켜보며 낑낑거리는 등 이상한 행동을 했다는 것이다. 그러다가 마침내 밤이 되자 빙고는 사람들이 말리는 것도 뿌리치고 어둠 속으로 사라졌고, 우리 인간들은 알지 못하는 뭔가의 안내를 받아 때맞춰 그곳에 도착하여 나를 구해 주고 복수까지 해 주었다.

믿음직한 빙고. 하지만 빙고는 참 이상한 개였다. 마음은 나한테 있으면서도 이틀날이 되자 나한테는 눈길 한 번 주지 않고 쓱 지나치더니, 고든네 손주가 땅다람쥐 사냥을 가자고 부르자 선뜻 따라나섰다.

빙고는 끝까지 그랬다. 빙고는 늑대처럼 사는 것을 좋아했고 마지막까지 그렇게 살았다. 얼어 죽은 말들을 귀신같이 찾아내던 빙고는 어느 날, 독이 든 미끼와 함께 있는 말 사체를 발견하고 늑대답게 그것을 순식간에 먹어 치웠다. 그리고 고통이 몰려오자 고든네 집이 아니라 나를 찾아 우리 오두막 문 앞까지 왔지만, 하필 나는 그때 집에 없었다.

  이튿날에야 집으로 돌아온 나는 빙고가 문턱에 머리를 올려놓은 채 눈밭에서 죽어 있는 것을 발견했다. 자신이 강아지 시절을 보냈던 바로 그 문가에서 말이다. 마지막까지 진정으로 나의 개였던 빙고. 빙고는 가장 고통스러울 때 나를 찾았으나 나는 아무런 도움도 되어 주지 못했던 것이다.

옮긴이의 말

시튼의 삶과 문학

　동물 문학의 아버지, 어니스트 톰프슨 시튼은 1860년 영국의 더럼주 사우스실즈에서 태어났습니다. 아버지의 사업 실패로 형편이 어려워지자, 시튼 가족은 1886년 캐나다로 이주해 온타리오주 린지 근처의 시골에서 살게 되었습니다. 시튼 가족은 울창한 침엽수림에 둘러싸인 통나무집에서 개척자 생활을 시작했고, 영국에 있을 때부터 남달리 동물을 좋아했던 어린 시튼은 캐나다의 광대한 야생에서 자연에 대한 사랑을 더욱 키워 갔습니다.

　시튼은 열 살 무렵 온타리오주의 주도이자 캐나다 제1의 도시인 토론토로 이사했지만 대도시로 온 뒤에도 늘 자연을 그리워했습니다. 어떻게든 동물을 보기 위해 시내의 박제 가게를 드나들고, 주말마다 교외로 나가 자연을 탐험하고, 그렇게 찾아낸 자기만의 비밀 장소에 동경하는 아메리카 원주민들의 방식을 흉내 내어 혼자 힘으로 오두막집을 짓기도 했습니다. 늘 자연 속에서 지내며 자연을 더 깊이 알고 싶었던 시튼은 박물학자가 되는 것이 꿈이었습니다. 하지만 아버지는 그림에 재능이 있다면서 화가가 되라고 했고 시튼은 아버지의 뜻에 따라 온타리오 미술 대학에

들어갔습니다. 졸업 후에는 영국으로 건너가 영국 왕립 미술 아카데미에서 미술 공부를 계속했습니다.

시튼은 1881년에 캐나다로 돌아와 매니토바주 카베리 근방의 농장에 사는 형과 함께 지냈습니다. 자연의 품에서 보낸 그 시절은 시튼의 일생에서 가장 행복하고 값진 시간이었다고 합니다. 시튼은 짐승과 새들을 관찰해 상세히 기록하고, 뛰어난 그림 솜씨로 수많은 동물 그림을 그렸습니다. 이때 시튼이 직접 자연 속에서 경험한 여러 동물들과의 만남은 훗날 《내가 알던 야생 동물들》(1898)을 쓰는 밑거름이 되었습니다.

시튼의 대표작인 이 책은 세상에 나오자마자 '사실적 동물 문학'이라는 새로운 문학의 장을 열었다는 찬사를 받았습니다. 그 전까지 문학 작품에서 묘사된 동물들은 이솝 우화나 그림 동화 같은 옛이야기의 전통에서 크게 벗어나지 않았습니다. 즉 겉모습만 동물일 뿐 사람처럼 행동하고 사람처럼 말하는, 그야말로 '동물의 탈을 쓴 사람'이나 다름없었지요. 하지만 시튼은 늑대의 방식대로 살아가는 늑대, 토끼의 방식대로 살아가는 토끼를 그렸습니다. 시튼의 동물 이야기에는 오랫동안 동물을 관찰하고 연구해 온 사람만이 표현할 수 있는 놀라운 현장감이 가득합니다. 시튼도 《내가 알던 야생 동물들》의 머리말에서 자신이 쓴 이야기들이 모두 사실에 바탕을 두었다는 점을 분명히 밝힙니다.

이 이야기들은 모두 사실이다. 비록 많은 대목에서 약간의 가공을 하긴 했지만, 이 책에 나오는 주인공들은 모두 실제로 존재했던 동물이다. 그들은 내가 묘사한 대로 살았으며, 그들이 보여 준 영웅적인 행동과 개성을 다 표현하기에는 내 글재주가 턱없이 모자랐다.

시튼은 또 모든 이야기가 주인공의 죽음으로 끝나는 것도 실제 동물의 삶을 근거로 했기 때문이라고 덧붙입니다. "이 책의 동물 이야기들이 모두 비극인 것은 실화이기 때문이다. 야생 동물은 언제나 비극적인 최후를 맞는 법이다."라고요. 책을 읽는 독자로서는 주인공이 '그 후로 오래오래 행복하게' 살았으면 좋겠지만, 위험의 연속인 야생의 삶을 생각해 보면 시튼의 말에 고개를 끄덕이게 됩니다. 한 번의 실수가 곧장 죽음으로 이어질 수 있는 야생에서 옛날이야기 같은 행복한 결말은 쉽게 찾아볼 수 없는 일이겠지요.

하지만 시튼의 이야기 속 동물들은 저마다 처한 환경에서 자신만의 능력과 경험을 활용해 매 순간 온 힘을 다해 살아갑니다. 그리고 그러한 과정에서 때로는 사람보다 더 위대한 모습을 보여 줍니다. 시튼은 자신이 만난 동물들을 "영웅"이라고 불렀습니다. 1905년에 출간한 《동물 영웅들》의 머리말에서 시튼은 이렇게 썼습니다.

영웅이란 남다른 재능과 업적의 소유자를 말한다. 이 정의는 인간과 동물 모두에게 해당한다. 영웅의 이야기는 사람들의 가슴과 상상력을 움직이는 힘이 있다.

위대한 인물의 이야기는 종종 이야기를 읽는 사람의 마음을 움직여 생각과 행동을 변화시키곤 합니다. 시튼은 그러한 이야기의 힘을 잘 알고 있었고, 그것은 이야기의 주인공이 동물일 때도 마찬가지라고 생각했습니다.

> 나는 박물학에서 너무나 흔히 쓰이는 막연하고 일반적인 접근법으로는 놓치는 것이 많다고 생각한다. '인간'의 습성과 관습을 10페이지로 요약해 놓은 글에서 무슨 만족을 얻겠는가? 차라리 한 위대한 인간의 삶을 그리는 데 그 힘을 쏟는 게 낫지 않을까. 나는 바로 이 원칙을 나의 동물들에게 적용하려고 했다. 나의 주제는 무심하고 적대적인 인간의 눈에 비친 한 종의 일반적인 생태가 아니라, 각 동물의 진정한 개성과 삶의 관점이다. _《내가 알던 야생 동물들》 머리말에서

사실적인 동물의 모습을 담고 있어도, 시튼의 이야기는 백과사전이나 동물도감이 아니라 어디까지나 '이야기'입니다. 주인공이 있고, 사건이 펼쳐지고, 독자가 주인공과 함께 울고 웃을 수 있는 이야기 말입니다. 우리가 어떠한 대상을 알고자 할 때, 그 대상을 주인공으로 한 이야기를 읽는 것은 가장 손쉽고 효과적이면서도 그 대상을 깊이 이해할 수 있는 방법 가운데 하나입니다. 시튼은 동물을 주인공으로 한 이야기를 통해 우리에게 야생 동물의 삶을 구석구석 들여다보게 합니다. 그러면서 동물들을 향한 "무심하고 적대적인" 눈을 거두고 인간을 보듯이 동물을 보라고 말합니다.

이런 동물 이야기 모음집은, 지난 세기였다면 교훈이라고 불렸을 진부한 생각을 자연스럽게 내비치는 법이다. 나의 책을 읽는 사람들은 저마다 자기 입맛에 맞는 교훈을 찾아낼 것이다. 하지만 내가 독자들에게 바라는 것은 성서만큼이나 오래된 교훈, 즉 우리 인간과 동물은 친척이라는 점이다. 인간이 가지고 있는 것이라면 동물도 조금은 가지고 있으며, 동물이 가지고 있는 것은 인간들도 어느 정도 가지고 있다.

그렇다면 동물은 정도만 다를 뿐 우리처럼 욕구와 감정을 가진 생물이기에, 동물 역시 권리를 가져야 마땅하다. 백인들의 세계에는 이제야 알려지기 시작했지만, 불교에서는 이미 2천 년 전에 역설한 사실이다. _《내가 알던 야생 동물들》 머리말에서

시튼은 자연과의 조화를 중시하는 동양의 불교나 아메리카 원주민 문화에서 자연에 대한 태도를 배워야 한다고 생각했습니다. 특히 동물을 인간의 형제처럼 여기고 자연과 어우러져 살아가는 아메리카 원주민들이야말로 가장 이상적인 인간이라고 보았지요. 그래서 '우드크래프트 연맹'(설립 당시 이름은 '우드크래프트 인디언스')이라는 단체를 만들어 청소년들과 함께 숲속에서 야영을 하면서 원주민들의 생활 방식과 숲에서 살아가는 여러 기술을 가르쳤습니다. 나아가 1910년에는 베이든파월 경을 비롯한 여러 동료들과 함께 '미국 보이 스카우트'를 창설해 자라나는 청소년들에게 자연과 함께하는 삶을 알리는 데 힘썼습니다.

1930년에 시튼은 뉴멕시코주 샌타페이로 이사 가서 '시튼 마을'을 세웠습니다. 시튼 마을은 자연을 사랑하고 박물학과 북미 원주민 문화를 연구하는 사람들이 모여드는 중심지가 되었습니다. 시튼은 그 뒤로도 많은 책을 쓰고 강연을 하면서 자연에 대한 사랑과 원주민 문화의 중요성을 역설했습니다. 죽는 날까지 자연을 사랑하고 그 사랑을 적극적으로 실천했던 시튼은 1946년 샌타페이의 시튼 마을에서 그토록 사랑하던 자연의 품으로 돌아갔습니다.

수록 작품 해설

첫 번째 이야기 〈커럼포의 늑대 왕 로보〉는 시튼의 동물 이야기 가운데 가장 많이 알려진 작품으로, 미국 뉴멕시코주의 커럼포 지역을 호령했던 늑대 로보의 이야기입니다. 로보는 커럼포의 목장 지대에서 몇 년 동안 수천 마리의 가축을 죽인 악명 높은 늑대 무리의 우두머리입니다. 사람들은 로보를 잡으려고 총이며 사냥개며 독이며 덫이며 심지어 "마법과 주문"까지 동원하지만, 로보의 털끝 하나 건드리지 못합니다. 시튼도 로보 사냥에 뛰어들어 사람 냄새와 쇠붙이 냄새를 없애기 위해 복잡한 방법으로 독약을 놓지만, 기가 막히게 영리한 로보는 허탈할 정도로 손쉽게 함정을 간파합니다.

로보는 목장 사람들에게 엄청난 피해를 주는 악당이지만, 이 이야기를 읽는 우리는 놀라운 힘과 지혜를 갖춘 로보에게 자연스레 끌리게 됩니다. 사람들은 정면으로는 로보에게 맞설 수 없어 이렇게도 속이고 저렇게도 속여 봅니다. 그런 사람들의 "얕은꾀를 비웃듯이" 어떤 속임수에도 걸려들지 않는 로보에게서, 우리는 특출한 영웅의 모습을 발견하고 감탄하게 됩니다. 결국 로보한테서 아무런 흠을 찾을 수 없었던 시튼은 로보의 짝을 먼저 잡는 쪽으로 방향을 돌립니다. 어떻게든 로보를 없애야만 했던 사람들로서는 마침내 가장 효과적인 방법을 찾아낸 것이지만, 지금껏 사용한 어떤 속임수보다 비열한 방법이라는 점에서 아이러니를 자아냅니다. 영화나 드라마에서 주인공을 몰락시킬 함정을 파거나, 주인공이 사랑하는 사람을 인질로 잡고 협박하는 것은 악당들이나 하는 일이니까요.

이쯤 되니 누가 나쁜 편이고 누가 착한 편인지 모르겠습니다. 아니, 과연 처음부터 그렇게 딱 잘라 구분할 수 있었을까요? 사람들에게 늑대는 사람의 재산을 축내는 "무법자"이고 "약탈자"입니다. 하지만 늑대 눈에는 원래 늑대의 영토였던 곳에 마음대로 목장을 만든 사람들이 어떻게 보일까요? 실제로 이 이야기는 그때까지 악마 같은 존재로만 여겨지던 늑대에 대한 인식을 바꾸는 계기가 되었다고 합니다.

시튼의 이야기 속에서 로보는 살육을 일삼는 얼굴 없는 괴물이 아니라 생각과 감정을 지니고 자기만의 방식대로 살아가는 한 존재로 그려집니다. 지혜와 용기를 갖춘 위엄 있는 영웅이었으나 사랑하는 짝을 잃고 한순간에 무너진 영웅, 붙잡힌 뒤에는 구차하게 목숨을 구걸하지 않고 자신이 지배하던 영토만 하염없이 바라보다 조용히 숨을 거둔 영웅으로 말입니다.

시튼은 자신이 직접 로보 사냥에 참여했던 경험을 바탕으로 이 이야기를 썼습니다. 시튼에 따르면 "커럼포 지역의 목장 주인들이라면 누구나 잘 알고 있듯이, 로보는 그곳에서 1889년부터 1894년까지 거칠고도 낭만적인 삶을 살다가 정확히 1894년 1월 31일에 죽었다."고 합니다.

〈산토끼의 영웅 리틀워호스〉의 주인공은 시튼의 동물 이야기에서는 보기 드물게 행복한 결말을 맞습니다. 물론 그렇게 되기까지 수많은 고난을 극복해야 했지만요.

오랫동안 커다란 굴곡 없이 살아오던 산토끼들은 사람들이 나타나면서 엄청난 변화를 겪습니다. 사람들이 코요테나 여우 같은 동물을 마구 사냥하자, 천적이 없어진 토끼들은 수가 엄청나게 불어납니다. 그러다 전염병이 돌아 다시 무더기로 죽었다가, 사람들이 세운 울타리나 철조망이 적을 막아 준 덕분에 또 수가 늘어납니다. 사람들이 기르는 작물은 전에 없던 맛있는 식량이 되어 주기도 하고요.

그런 식으로 토끼들은 급격하게 바뀌는 환경에 계속 적응하면서 더욱 튼튼한 자손을 낳아 기릅니다. 이야기의 주인공 리틀워호스는 그렇게 단련된 토끼들 가운데서도 특히 뛰어난 토끼로, 타고난 달리기 실력과 영리한 머리로 어릴 때부터 수많은 적을 따돌리며 살아남았습니다.

그런 워호스도 인간들 때문에 최대의 위기에 빠집니다. 사람들은 토끼들이 늘어나는 원인을 스스로 제공해 놓고도 토끼들이 농장에 해를 입히자 또 토끼들을 잡는다고 대대적인 토끼몰이를 벌입니다. 그것도 모자라 붙잡은 토끼들 가운데 잘 달리는 토끼들을 골라내 경기에 내보내기까지 하지요.

워호스도 그렇게 경기장으로 끌려와 일주일에 두 번씩 사냥개한테 쫓기는 가혹한 생활을 합니다. 오늘날 같으면 사냥개를 풀어 토끼를 쫓게 하는 이런 경기는 열릴 수가 없지요. 하지만 시튼이 살았던 시대에는 토끼 경주가 꽤 인기가 있었던 것 같습니다. 시튼에 따르면 "'산토끼 워호스'가 영웅이라는 명예를 얻은 것은 10년이 채 안 된 일이다. 수천 명의 캐스케이도 사람들은 워호스를 기억하며, 워호스가 이룩한 위업은 몇몇 일간지에도 실렸다."고 합니다.

워호스는 타고난 재능과 적응력으로 경기장이라는 낯설고 험한 곳에서도 당당히 자신의 존재를 드러냅니다. 같이 붙잡혀 온 토끼들이 대부분 죽어 나가는 동안에도 상처 하나 입지 않고 열세 번의 경기를 무사히 치르지요. 마지막 경기에서는 사람들의 비열한 수법으로 위기에 빠지기도 하지만, 극적으로 목숨을 구합니다. 그리고 언제나 자신의 편이 되어 준 경기장 일꾼의 도움으로 마침내 고향 들판으로 돌아가 자유를 누리게 됩니다.

〈지혜로운 까마귀 실버스팟〉은 까마귀가 어떤 새들보다 질서 정연하고 체계적인 무리 생활을 한다는 것을 잘 보여 줍니다. 시튼은 동물 중에서도 특히 새를 좋아했습니다. 어릴 때부터 새에 매료되어 새만 보면 가슴이 들뜨면서도 새의 이름조차 몰라 안타까워할 때가 많았지요. 그래서 열세 살 때 《캐나다의 새》라는 책이 나왔다는 소식을 듣고, 무슨 일이 있어도 그 책을 사겠다고 마음먹었습니다. 시튼은 구슬도 팔고 소설책도 팔고 이웃들의 심부름도 해 주는 등 갖가지 방법으로 책값 1달러를 마련해 마침내 책을 손에 넣었습니다.

하지만 시간이 지나면서 시튼은 그 책이 생각만큼 훌륭한 책이 아니라는 것을 깨달았습니다. 틀린 정보가 워낙 많아, 계속 책의 내용을 고치고 덧붙여야 할 정도였다고 합니다. 그렇게 책을 수정하는 동안 시튼은 스스로 새의 분류법에 관한 글을 쓰기도 했는데, 그것이 나중에 자연에 관한 책을 쓰게 되는 첫걸음이 되었다고 합니다. 실버스팟 이야기에서도 새에 대한 시튼의 깊은 관심을 엿볼 수 있습니다. 특히 악보까지 그려 가며 까마귀들의 언어를 이해하려고 한 노력에 감탄이 나옵니다.

실버스팟 이야기는 로보나 워호스처럼 어느 한 동물의 이야기가 아니라 시튼이 관찰한 여러 까마귀들의 이야기를 하나로 모은 것이라고 합니다. 그래서인지 실버스팟은 로보나 워호스처럼 극적인 사건을 겪지는 않습니다. 하지만 지혜로운 지도자로서 오랫동안 충실히 무리를 이끌며 자신의 소임을 다하지요. 그렇게 노련한 실버스팟도 야생의 생물인지라 마지막에는 천적인 부엉이를 피하지 못하고 목숨을 잃습니다. 그 뒤 까마귀 무리가 점점 쇠퇴했다고 하니, 실버스팟이라는 뛰어난 지도자가 얼마나 든든히 무리를 받치고 있었는지 짐작할 수 있습니다.

〈야성의 개 빙고〉는 시튼이 형과 함께 카베리의 농장에서 살던 시절 길렀던 개 '빙고'의 이야기입니다. 시튼에 따르면 "빙고는 매니토바주의 많은 친구들이 기억하듯이 내가 한동안 뉴욕에서 지내던 때를 제외하고는 1882년부터 1888년까지 나의 개였다."고 합니다.

시튼은 이웃집의 용맹한 콜리종 개 '프랭크'를 보고 한눈에 반해 프랭크의 새끼를 한 마리 데려옵니다. 그리고 당연하다는 듯이 '빙고'라고 이름 붙이는데, 이것은 우리도 잘 아는 동요 때문입니다. "앞집에 사는 개 이름, 빙고라지요"로 시작하는 바로 그 노래 말입니다. 영어권의 전래 동요인 이 노래는 옛날에는 '프랭클린네 개'라는 제목으로 알려지기도 했다는데, 시튼도 이 제목으로 알고 있었던 것 같습니다. 그래서 프랭크('프랭클린'의 애칭이기도 합니다.)의 강아지에게 '빙고'라는 이름을 지어 준 것이지요.

훌륭한 아비 프랭크의 피를 이어받은 빙고는 여느 개들처럼 집 안에서 안락하게 지내지 않고 밤마다 늑대처럼 떠돌아다니는 삶을 즐깁니다. 코요테들을 쫓아 버리고 죽은 말이나 소의 고기로 포식을 하고, 암코요테와 짝이 되어 새끼를 낳기도 하지요. 그러다 독이 든 미끼를 먹거나 늑대 덫에 걸리는 위기를 겪기도 합니다. 심지어는 이웃집 개 탠에게 심한 상처를 입혀 탠을 죽게 만듭니다. 시튼은 처음에는 빙고의 짓이라는 것을 모르고 탠의 주인과 함께 복수를 다짐하다가, 진실을 알고 나서는 슬그머니 입을 다뭅니다. 시튼은 나중에 빙고 이야기를 책에 실으면서 "탠이라는 개를 길렀던 내 친구는 자기 개가 실제로 어떻게 죽었는지 이 책을 통해서 알게 될 것이다."라고 고백했습니다.

    그렇게 야성이 강한 빙고도 첫 주인이었던 시튼과는 언제까지나 인연을 이어 갑니다. 빙고가 덫에 걸려 사나워져서 아무도 다가가지 못할 때는 시튼이 빙고를 구해 주고, 시튼이 외딴곳에서 덫에 걸려 꼼짝 못 할 때는 빙고가 신비로운 야성의 직감으로 달려와 구해 줍니다. 빙고도 시튼이라면 언제 어디서나 의지할 수 있다고 믿었을까요? 빙고는 마지막에 독이 든 미끼를 먹었을 때도 시튼을 찾아오지만, 안타깝게도 그때 시튼은 집을 비우고 없었습니다. 이미 남의 개가 된 지 오래인데도, 늑대처럼 자유로운 삶을 살면서도 '개와 인간'이라는 끈끈한 유대감으로 묶여 있었던 빙고. 그 마지막 모습이 오래도록 여운을 남깁니다.

햇살과나무꾼

시튼의 생애

| 1860 | 8월 14일, 영국 더럼주 사우스실즈에서 태어났다. 시튼의 아버지는 스코틀랜드 하일랜드 지방 명문가의 후계자였다. |

열네 살 때의 시튼
© Courtesy Philment Museum and Seton Memorial Library

1866   아버지가 파산하며 온 가족이 캐나다 온타리오주로 이주했다.

1870   캐나다 토론토에서 초등 교육을 받았다. 미술에 두각을 나타냈고 가족들도 예술가가 되기를 원했지만 시튼은 자연에서 더 많은 시간을 보낸다.

1879   토론토 예술 협회에서 주는 황금 메달을 받았다. 미술을 공부하기 위해 영국 런던으로 갔다가 건강이 나빠져 2년 후 다시 캐나다로 돌아왔다.

1881   형들이 사는 캐나다 매니토바주의 대초원을 누비며 자연과 동물에 관한 폭넓은 지식을 쌓는다. 이때의 경험은 훗날 시튼의 작품에 등장하는 경이로운 자연과 야생 동물 이야기 속에 녹아들었다.
이즈음 아메리카 원주민과 교류하기 시작한다. 시튼은 훗날 인디언 보호구와 멸종 동물들을 위한 동물 보호 공원의 설립을 강력하게 주장하는 사회 운동가로 활동했다.

1883   미국 뉴욕으로 가 미술 학도 연맹에서 공부하며 여러 자연사학자들을 만났다. 1년 후에 프랑스 파리로 가서 미술을 공부했다.

| 1885 | 《센추리 백과사전》에 실릴 동물 그림을 1천 점 정도 그렸다.
프랭크 챔프슨의 《조류 안내서》의 삽화를 그렸다.

시튼은 탁월한
미술 솜씨로
야생 동물 그림을 그려
생계를 유지하기도 했다.

| 1886 | 《매니토바의 포유류 목록》을 출간했다.
6년 뒤에 매니토바주 정부의 자연학자로 임명되었고,
죽을 때까지 직책을 수행했다.

| 1890 | 파리의 쥘리앙 아카데미에서 미술을 공부했다.

| 1891 | 작품 〈잠자는 늑대〉를 프랑스 파리 살롱의 특별관에 전시했다.

| 1893 | 미국 뉴멕시코 지역으로 사냥을 나갔다.

| 1894 | 〈커럼포의 늑대 왕 로보〉를 발표했다. 뉴멕시코지역에서의
사냥 경험이 녹아든 작품이다.

| 1896 | 미국 뉴욕 출신인
그레이스 갤러틴과 결혼했다.

그레이스 갤러틴. 작가이자 여성 참정을 주장하는
사회 운동가였다. 《새내기 여성》, 《사냥꾼의 아내》 등을 썼고
코네티컷 여성 참정권 협회 회장을 지냈다.

| 1898 | 야생 동물 이야기를 쓴 첫 번째 책 《내가 알던 야생 동물들》을
발표했다. 시튼은 이 작품으로 세계적인 명성을 얻게 되었다.

| 1899 | 《샌드힐의 수사슴》을 출간했다.

| 1900 | 《고독한 회색곰 왑의 일생》을 출간했다.

1901	《위대한 산양 크래그: 쫓기는 동물들의 생애》를 출간했다.
1902	아이들에게 자연과 접할 기회를 주려고 노력하며 보이 스카우트의 전신인 '우드크래프트 연맹'을 만들었다.
1904	딸 '앤 시튼'이 태어났다.
1905	《동물 영웅들》을 출간했다.
1906	보이 스카우트 운동에 본격적으로 참여했다.

미국의 삽화가이자 청소년 지도자인 다니엘 비어드(오른쪽), 영국 군인이자 작가인 로버트 베이든파월(가운데)과 함께 찍은 사진. 세 사람은 보이 스카우트 협회에서 함께 활동했다.

| 1909 | 《은여우 이야기》를 출간했다. |
| 1910 | 미국 보이 스카우트 설립 위원회의 위원장으로 활동하며 보이 스카우트의 첫 매뉴얼을 만들었다. |

1910년 미국 미네소타주 실버베이에서 보이 스카우트 캠프에 참가한 시튼.

| 1913 | 《옐로스톤 공원의 동물 친구들: 우리 곁의 야생 동물들》을 출간했다. |
| 1916 | 《구두 신은 야생 멧돼지: 야생 동물들이 살아가는 방법》을 출간했다. |

1917	•	아메리카 원주민인 수(sioux)족에게서 '검은 늑대'라는 이름을 얻었다.
1926	•	미국 보이 스카우트 협회에서 처음으로 제정한 상인 '은빛 물소상'을 받았다.
1927	•	수족, 푸에블로족 원주민과 생활하며 아메리카 원주민의 문화와 전통을 연구했다.
1928	•	1918~1925년 동안 집필한 《사냥감들의 삶》으로 미국 국립 과학 연구소가 국제적으로 시상하는 '존 버로스 메달'을 받았다. 총 4권인 이 책은 동물학 분야의 탁월한 연구가 담긴 역작으로, 시튼은 약 1,500점의 삽화를 직접 그렸다.
1930	•	미국 뉴멕시코주 샌타페이로 이주했고 '시튼 연구소'를 설립했다. 연구소는 레크리에이션 협회 지도자의 훈련 캠프이자 북아메리카 원주민의 생활 양식을 탐구하는 곳이었다.
1934	•	그레이스 갤러틴과 이혼하고 줄리아 모스 버트리와 재혼했다.
1937	•	《표범을 사랑한 군인: 역사에 남을 위대한 야생 동물들》을 출산했다.
1940	•	자서전인 《야생의 순례자 시튼》을 출간했다. 시튼은 86년의 생애 동안 40권이 넘는 책과 수많은 글을 발표했다.
1945	•	《산타나, 프랑스의 영웅견》을 출간했다. 이 작품은 시튼이 생전에 출간한 마지막 책이 되었다.
1946	•	미국 뉴멕시코의 자택에서 생을 마쳤다.

시튼은 야생 세계에 대한 열정으로
수많은 작품을 펴냈다. 자연과 동물에 대한
매혹적인 글과 그림은 오늘날까지도
전 세계 사람들에게 위대한 유산으로 남아 있다.